KB262563

Dictionnaire des expressions françaises

프랑스어 회화사전

저자 소개

장유경

한국외국어대학교 통번역대학원 한불과와 한영과를 졸업하고 프리랜서 통번역사로 활동 중이다. 편찬한 사전으로는 〈프랑스어-한국어 소사전〉, 〈프랑스어-한국어 입문사전〉이 있고 번역한 책으로는 〈톰 소여의 모험〉, 〈베네치아에서 건진 희망〉, 〈브르타뉴로 떠난 과거 여행〉, 〈세대 간의 전쟁〉, 〈몽골의 카우보이〉, 〈늑대소년 프레디〉가 있다.

초판 1쇄 인쇄 | 2012년 2월 20일
초판 1쇄 발행 | 2012년 3월 2일
저자 | 장유경
디자인 | 디자인콩
발행인 | 서덕일
발행처 | 도서출판 문예림
출판등록 | 1962년 7월 12일 제 2-110호
주소 | 서울 광진구 군자동 1-13호 문예하우스 101호
전화 | 02-499-1281~2   팩스 | 02-499-1283
http://www.bookmoon.co.kr
Email: booky1281@hanmail.net
ISBN 978-89-7482-625-3 (13760)

 # 머리말

〈프랑스어 회화사전〉은 테마별로 회화 및 표현을 정리하여 불어를 처음 배우시는 분들, 어느 정도 회화가 가능하신 분들, 통번역사들이 모두 볼 수 있도록 만들었다.

테마 1 '만남'에서는 누군가를 만났을 때 사용하는 표현을, 테마 2 '여행'에서는 여행 중 사용하는 표현을, 테마 3 '세상 속으로'에서는 분야별 용어를 정리하였다. 테마 3이 가장 난이도가 높은 것은 사실이지만 고급 수준의 불어를 구사하시는 분들도 기본적인 표현을 복습하고 싶을 때 테마 1, 2를 참조할 수 있을 것이며 불어를 막 배우기 시작하시는 분들이 테마 3에서 자신의 전문 분야 또는 관심이 가는 분야에 해당하는 용어 및 표현을 살펴보는 것도 흥미로울 것이다. 세 테마에서 전부 다루기는 어렵지만 도움이 될 만한 내용은 부록에 담았다.

이 사전이 불어 표현 및 용어를 정리하고자 하는 분들께 조금이나마 도움이 되었으면 한다. 끝으로 많은 도움을 주신 문예림의 서덕일 사장님과 디자인콩에 감사의 뜻을 전한다.

2012년 1월

장유경

Thème I

만남
Rencontres

좋은 사람들과의
만남은 언제나 즐겁다
누군가를 만날 때 사용하는
표현을 소개한다

Unité 1

인사
Salutations

 인사 Salutations

안녕하세요
Bonjour !
봉주르

좋은 하루 보내세요!
Bonne journée !
본 주르네

안녕하세요! (저녁 인사)
Bonsoir !
봉쑤아르

안녕!
Salut !
쌀뤼

처음 뵙겠습니다.
Enchanté(e).
엉성떼

또 뵙게 되어 반갑습니다!
Je suis très heureux(se) de vous revoir !
즈 쒸이 트레 죄뢰(즈) 드 부 르부아르

만나서 기쁩니다.
Ravi(e) de vous rencontrer.
라비 드 부 렁꽁트레

인
사

당신이 오셔서 좋습니다.
C'est mon grand plaisir de vous voir.
쎄 몽 그렁 쁠레지르 드 부 부아르

환영합니다.
Soyez le(la) bienvenu(e).
쑤아예 르(라) 비엥브뉘

뵙게 되어 매우 기쁩니다!
C'est un grand plaisir pour moi de vous voir.
쎄 뗑 그렁 쁠레지르 뿌르 무아 드 부 부아르

처음 뵙게 되어 기쁩니다.
Je suis heureux(se) de faire votre connaissance.
즈 쒸이 트레 죄뢰(즈) 드 페르 보트르 꼬네성스

만나뵙게 되어 기쁩니다.
Je suis très heureux(se) de vous voir.
즈 쒸이 트레 죄뢰(즈) 드 부 부아르

오래 동안 보지 못했습니다.
Ça fait longtemps !
싸 페 롱떵

여기서 다시 만나니 정말 반갑다!
Je suis très heureux(se) de te revoir ici !
즈 쒸이 트레 죄뢰(즈) 드 뜨 르부아르 이씨

어떻게 지내십니까?
Comment allez-vous ?
꼬멍 딸레 부

컨디션은 좋으신지요?
Êtes-vous en forme ?
에뜨 부 엉 포름?

어떻게 지내니?
Comment ça va ?
꼬멍 싸바

잘 지내니?
Ça va bien ?
싸 바

안녕히 가세요.
Au revoir !
오르부아르

또 보자!
À bientôt !
아비엥또

곧 보자!
À très bientôt !
아 트레 비엥또

잠시 후에 봐요.
À tout à l'heure !
아 뚜딸뢰르

곧 봐요!
À tout de suite !
아 뚜 드 쒸이뜨

오늘 저녁에 다시 봐요.
On se revoit ce soir.
옹 쓰 르부아 쓰 쑤아르

극장에서 보자!
Je vais te voir au théâtre !
즈 베 뜨 부아르 오 떼아트르

2 시에 보자!
À 14 heures !
아 꺄또르죄르

토요일에 보자!
À samedi !
아 쌈디

오늘 저녁에 보자!
À ce soir !
아 쓰 쑤아르

내일 만나자!
À demain !
아 드멩

좋은 저녁시간 보내세요!
Bonne soirée !
번 쑤아레

안녕히 주무세요!
Bonne nuit !
번 뉘이

잘 가!
Tchao !
차오

잘 가!
Ciao !
차오

다음에 보자!
À la prochaine fois !
알라 프로셴 푸아

다음에 보자!
À la prochaine !
알라 프로셴

 답변 Réponses

잘 지내.
Ça va.
싸 바

잘 지내요.
Je vais bien.
즈 베 비엥

좋습니다.
Ça va bien.
싸 바 비엥

모든 게 순조롭습니다.
Tout se passe bien.
뚜 쓰 빠쓰 비엥

컨디션 좋습니다.
Je suis en forme.
즈 쒸이정 포름

그냥 그래요.
Comme ci comme ça.
껌 씨 껌 싸

나쁘지는 않아요.
Pas mal.
빠 말

이전 그대로예요.
Rien n'a changé.
리엥 나 셩제

새로운 게 없습니다.
Rien de nouveau.
리엥 드 누보

매우 좋지 않습니다.
Très mal.
트레 말

일이 안 풀립니다.
Ça ne marche pas très bien.
싸 느 마르슈 빠 트레 비엥

너 왔구나!
Tu es là !
뛰 에 라

드디어 왔구나 !
Et voilà !
에 부알라

늦는 게 안 오는 것 보다는 낫지!
Mieux vaut tard que jamais !
미유 보 따르 끄 자메

편한 시간에 오세요.
Venez me voir quand vous voulez.
브네 므 부아르 껑 부 불레

전화하세요.
Appelez-moi.
아쁠레 무아

편지 쓰세요.
Écrivez-moi.
에크리베 무아

편지 쓰는 것 잊지 마세요.
N'oubliez pas de m'écrire.
누블리에 빠 드 메크리르

근황 알려 주세요.
Tenez-moi au courant !
뜨네 무아 오 꾸렁

어머니께 안부 전해라.
Dis bonjour à ta mère.
디 봉주르 아 따 메르

좋은 휴가 되길 바랍니다.
Bonnes vacances!
번 바껑스

건투를 빕니다.
Je vous souhaite une bonne continuation sur votre chemin.
즈 부 쑤에뜨 원 번 꽁띠뉘아시옹 쉬르 보트르 슈멩

건강과 행복을 기원합니다.
Je vous souhaite une bonne santé et beaucoup de bonheur.
즈 부 수에뜨 원 번 성떼 에 보꾸드 보뇌르

편안한 여행되길 바랍니다.
Bon voyage !
봉 부아야주

쾌차하세요.
Je vous souhaite un prompt rétablissement.
즈 부 쑤에뗑 프롱 레따블리스멍

 표현 Expressions

가볍게 인사하다
faire une légère inclination devant qn
페르 윈 레제르 엥끌리나시옹 드벙 껠껭

가볍게 인사하다
saluer légèrement.
살뤼에 레제르멍

깍듯한 인사
une salutation très polie
윈 쌀뤼따씨옹 트레 뽈리

깍듯이 인사하다
saluer très courtoisement qn
쌀뤼에 트레 꾸르투아즈멍 껠껭

객석을 향해 인사하다
saluer les spectateurs
쌀뤼에 레 스뻭따뙤르

건성으로 인사하다
saluer qn d'un air distrait
쌀뤼에 껠껭 데네르 디스트레

겉치레뿐인 인사는 싫다
Je n'aime pas saluer seulement pour la forme.
즈 네므 빠 쌀뤼에 쐴멍 뿌르 라 포름므

고개를 까딱까딱하며 인사하다
saluer en hochant la tête plusieurs fois
쌀뤼에 엉 오쎵 라 떼뜨 쁠리죄르 푸아

고개를 꾸벅하며 인사하다
saluer d'un hochement de tête
쌀뤼에 뎅 오슈멍 드 떼뜨

고개를 깊숙이 숙여 인사하다
saluer en s'inclinant profondément
쌀뤼에 엉 쎙끌리넝 프로퐁데멍

고객에게 환영인사를 하다
souhaiter la bienvenue à un client
쑤에떼 라 비엥브뉘 아 엥 끌리엉

공손한 인사
salut respectueux
쌀뤼 레스뻭뛰외

관객에게 인사하는 배우
acteur qui salue le public
악뙤르 끼 쌀뤼 르 쀠블리끄

교수님께 빈손으로 인사 가다
rendre visite à un professeur les mains vides
렁드르 비지뜨 아 엥 프로페씌르 레 멩 비드

꾸벅 인사하다
saluer d'un hochement de tête
쌀뤼에 뎅 오슈멍 드 떼뜨

그녀는 그에게 다정하게 인사를 했다
Elle lui a adressé un bonjour cordial.
엘 뤼이 아 아드레쎄 엥 봉주르 꼬르디알

그 녀석은 인사도 없이 휑하니 가버렸다
Il a brûlé la politesse.
일라 브릴레 라 뽈리떼쓰

그 녀석은 인사도 없이 휑하니 가버렸다
Il s'en est allé sans rien dire et sans même saluer
일 써에 딸레 썽 리엥 디르 에 썽 메므 쌀뤼에

그 녀석은 작별 인사도 없이 돌아서서 떠났다
Ce type est parti sans même me dire au revoir.
쓰 띠쁘 에 빠르띠 썽 멤 므 디르 오르부아르

그는 나를 볼 때마다 내게 인사한다
Il me salue chaque fois qu'il me voit.
일 므 쌀뤼 샤쁘 푸아 낄 므 부아

그는 나를 알아보자마자 곧 인사를 했다
Il m'a salué aussitôt qu'il m'a reconnu.
일 마 쌀뤼에 오씨또 낄 마 르꼬니

그는 모자를 조금 치키며 내게 인사한다
Il me salue d'un coup de chapeau.
일 므 쌀뤼 뎅 꾸드 샤쁘

그들은 결혼 전 양가에 정식으로 인사를 드렸다
Ils ont rendu une visite officielle aux deux familles pour le mariage.
일종 렁뒤 윈 비지뜨 오피씨엘 오 되 파미유 뿌르 마리아즈

그들은 서로 볼을 비비며 인사했다
Ils se sont salués en se frottant les joues.
일 쓰 쏭 쌀뤼에 엉 쓰 프로떵 레 주

그들은 서로 정답게 인사했다
Ils se sont salués amicalement.
일 쓰 쏭 쌀뤼에 아미꺌멍

그들은 인사로 고개를 까딱해 보였다
Ils hochèrent la tête en signe de salutations.
일 오쎄르 라 떼뜨 엉 씨뉴 드 쌀뤼따씨옹

그런 인사치레는 하지 마라
Ce n'est pas la peine de respecter la forme.
쓰 네 빠 라 뻰 드 레스뻭떼 라 포름므.

그 사람들은 서로 인사를 나누었다
Ils ont échangés des saluts.
일종떼셩제 데 쌀뤼

그 사람들은 일이 끝나자 인사도 없이 자리를 차고 일어났다
Ils sont partis brutalement, aussitôt le travail terminé, sans même dire au revoir.
일 쏭 빠르띠 브뤼딸멍 오씨또 르 트라바유 떼르미네 썽 멤 디르 오르부아르

그 사람은 내게 인사를 했다
Il m'a salué.
일 마 쌀뤼에

그 사람은 단지 인사치레로 그런 말을 했다
Il a dit cela juste pour la forme.
일라 디 쓸라 쥐스뜨 뿌르 라 포름므

그 사람은 스스럼없는 태도로 내게 인사했다
Il m'a salué franchement.
일 마 쌀뤼에 프렁슈멍

그 사람은 앉은 채 인사를 받았다
Il ne s'est pas levé quand on l'a salué.
일 느 쎄 빠 르베 껑똥 라 쌀뤼에

그 사람은 학생들의 인사를 받았다
Il a été salué par ses élèves.
일라 에떼 쌀뤼에 빠르 쎄젤레브

그 사람은 황망한 중에도 사람들에게 인사하는 것을 잊지 않았다
Il n'a pas oublié de dire bonjour aux gens bien que décontenancé.
일 나 빠 우블리에 드 디르 봉주르 오 정 비엥 끄 데콩뜨넝쎄

그 사람이 우리를 보고 인사를 했다
Elle nous a salué(e)s en nous voyant.
엘 누자 쌀뤼에 엉 누 부아영

그 사람하고는 인사를 몇 마디 건네었을 뿐, 다른 얘기는 없었다
Je lui ai seulement adressé quelques mots de salutation, rien d'autre.
즈 뤼이 에 쐴멍 아드레쎄 껠끄 모 드 쌀뤼따씨옹 리엥 도트르

기본적인 예의범절을 지키지 않는 사람
quelqu'un qui ne respecte pas les règles élémentaires de la politesse
껠껭 끼 느 레스뻭뜨 빠 레 레글 엘레멍떼르 들라 뽈리떼쓰

다정한 저녁인사
bonsoir cordial
봉쑤아르 꼬르디알

동양식의 정중한 인사
salut oriental
쌀뤼 오리엉딸

머리를 많이 숙여 인사하다
s'incliner jusqu'à terre
쎙끌리네 쥐스꺄 떼르

머리를 살짝 숙여 인사하다
saluer d'une brève inclinaison de tête
쌀뤼에 된 프레브 엥끌리네종 드 떼뜨

머리를 살짝 숙여 인사하다
saluer d'une légère inflexion de la tête
쌀뤼에 된 레제렝플렉씨옹 들라 떼뜨

명랑한 목소리로 인사하다
saluer d'une voix enjouée
쌀뤼에 된 부아 엉주에

명절에는 온 가족이 모여 어른들께 인사를 드린다
Les jours de fête, toute la famille se réunit pour saluer les plus âgées de la famille.
레 주르 드 페뜨 뚜뜨 라 파미유 쓰 레위니 뿌르 쌀뤼에 레 쁠뤼자제 들라 파미유

모자를 들어 인사하다
soulever un bonnet pour saluer
쏠르베 엥 보네 뿌르 쌀뤼에

미소 띤 얼굴로 인사하다
saluer avec un visage souriant
쌀뤼에 아베껭 비자즈 쑤리엉

부인에게 안부 전해 주십시오
Présentez mes respects à votre femme.
프레정떼 메 레스뻬 아 보트르 팜므

비굴하게 공손한 인사
salutation obséquieuse
쌀뤼따씨옹 오베쎄끼외즈

상사에게 인사하다
saluer un supérieur
쌀뤼에 엥 쒸뻬리외르

상사에게 자연스럽게 인사하다
saluer un supérieur d'un geste désinvolte
쌀뤼에 엥 쒸뻬리외르 뎅 제스뜨 데젱볼뜨

상사에게 정중하게 인사하다
présenter ses civilités au supérieur
프레정떼 쎄 씨빌리떼 오 쒸뻬리외르

상식적으로 그에게 인사를 하지 않고 떠날 수는 없다
Décemment, je ne peux pas partir sans lui dire au revoir.
데싸멍, 즈느 쁴 빠 빠르띠르 썽 뤼이 디르 오르부아르

서로 인사를 나누다
échanger des salutations
에썅제 데 쌀뤼따씨옹

서로 인사를 나누다
se faire des politesses
쓰 페르 데 뽈리떼쓰

선생님께 고개 숙여 인사하다
saluer le professeur en s'inclinant
쌀뤼에 르 프로페쐬르 엉 쎙끌리넝

손을 흔들어 인사하다
saluer de la main
쌀뤼에 들라 멩

손을 흔들어 인사하다
saluer d'un signe de la main.
쌀뤼에 뎅 씨뉴 들라 멩

손을 흔들어 작별 인사를 하다
faire au revoir de la main
페르 오르부아르 들라 멩

아가, 나한테 인사해야지
Dis-moi bonjour, mon mignon.
디 무아 봉주르 몽 미뇽

아빠에게 취침 인사해라
Dis bonsoir à Papa.
디 봉쑤아르 아 빠빠

아저씨께 ‘고맙습니다’라고 인사하거라
Dis merci au monsieur.
디 메르씨 오 므씨유

안부 인사
salutations de politesse
쌀뤼따씨옹 드 뽈리떼쓰

애들아, 할머니께 인사드려야지!
Allez, les enfants, dites bonjour à votre grand-mère!
알레 레정펑 디뜨 봉주르 아 보트르 그렁메르

어르신께 공손하게 인사하다
saluer une personne âgée poliment
쌀뤼에 윈 뻬르써나제 뽈리멍

어르신께 공손히 인사를 드리다
saluer avec respect les personnes âgées
쌀뤼에 아베끄 레스뻬 레 뻬르썬자제

어르신께 허리를 깊숙이 꺾어 인사를 드리다
saluer une personne âgée en s'inclinant profondément
쌀뤼에 윈 뻬르써나제 엉 쎙끌리넝 프로퐁데멍

어른들에게 싹싹하게 인사하다
saluer courtoisement les grandes personnes
쌀뤼에 꾸르뚜아즈멍 레 그렁드 뻬르썬

어른을 만나면 인사부터 하는 것이 원칙이다
En principe, quand on rencontre une grande personne, il faut
d'abord la saluer.
엉 프렝씨쁘 껑똥 렁꽁트르 윈 그렁드 뻬르썬 일 포 다보르 라 쌀뤼에

어쩌다 그에게 인사를 하게 되면
si vous le saluez quelquefois
씨 부 르 쌀뤼에 껠끄푸아

어줍은 표정으로 인사하다
saluer l'air gêné
쌀뤼에 레르 제네

여러분께 인사드릴 수 있는 기회를 갖게 되어서 기쁩니다
Je suis très content(e) d'avoir l'occasion de tous vous saluer.
즈 쒸이 트레 꽁떵(뜨) 다부아르 로까지옹 드 뚜쓰 부 쌀뤼에

예의바르게 인사하다
parler chapeau bas
빠를레 샤뽀 바

우리에게 인사하려고 그가 다가온다
Il s'avance pour nous saluer.
일 싸벙쓰 뿌르 누 쌀뤼에

의례적인 신년 인사
vœux rituels du nouvel an
뵈 리뛰엘 뒤 누벨렁

의례적인 인사
une salutation rituelle
윈 쌀뤼따씨옹 리뛰엘

이웃과 인사를 주고받다
échanger des salutations avec un voisin
에셩제 데 쌀뤼따씨옹 아베껭 부아젱

이웃 사람들과는 그저 오가다 인사하는 정도의 사이였어
Les voisins, avec eux, c'était bonjour bonsoir.
레 부아젱 아베뀌 쎄떼 봉주르 봉쑤아르

인사
coup de chapeau
꾸드 샤뽀

인사 대신 미소를 짓다
saluer par un sourire
쌀뤼에 빠르 엥 쑤리르

인사도 없이 사라지다
s'en aller sans saluer
써날레 썽 쌀뤼에

인사도 없이 슬그머니 가버리다
filer à l'anglaise
필레 알렁글레즈

인사드리겠습니다
Monsieur, j'ai bien l'honneur de vous saluer.
므씨유 제 비엥 로뇌르 드 부 쌀뤼에

인사를 가다
aller saluer
알레 쌀뤼에

인사를 나누다
faire un échange de politesse
페르 에네셩즈 드 뽈리떼쓰

인사를 차리다
observer les règles de politesse
옵쎄르베 레 레글 드 뽈리떼쓰

인사를 차리다
témoigner de la reconnaissance
떼무아녜 들라 르꼬네썽쓰

인사를 하고 돌아다니다
distribuer des saluts
디스트리뷔에 데 쌀뤼

인사 문구
formule de politesse
포르뮐 드 뽈리떼쓰

인사에 응하다
répondre à un salut
레뽕드르 아 엥 쌀뤼

인사치레 말
formule de civilité
포르뮐드 씨빌리떼

정다운 편지
lettre pleine d'affection
레트르 쁠렌 다펙씨옹

인사하는 것이 기본이 아닙니까?
Vous pourriez au moins dire bonjour, vous ne croyez pas?
C'est la politesse de base.
부 뿌리에 오 무엥 디르 봉주르 부 느 크루아예 빠 쎄 라 뽈리떼쓰 드 바즈

인사하다
faire un salut à qn
페르 엥 쌀뤼 아 껠껭

인사하러 가다
aller saluer
알레 쌀뤼에

인사하려고 모자를 벗다
enlever son chapeau pour saluer
엉르베 쏭 샤뽀 뿌르 쌀뤼에

정중하게 인사하다
saluer profondément
쌀뤼에 프로퐁데멍

정중한 인사
profond salut
프로퐁 쌀뤼

좌중에게 인사를 하다
saluer toute l'assistance
쌀뤼에 뚜뜨 라씨스떵쓰

주위에 있는 사람들에게 바쁘게 인사하다
dispenser des saluts à droite et à gauche
디스뻰쎄 데 쌀뤼 아 드루아뜨 에 아 고슈

지나치게 격식을 차린 인사
politesses exagérées
뽈리떼쓰 에그자제레

직원의 인사에 대해 답례하다
rendre à un employé son salut
렁드르 아 엥 엉쁠루아예 쏭 쌀뤼

진심에서 우러나오는 인사
sincères salutations
쎙쎄르 쌀뤼따씨옹

출연자 전원이 무대에 올라가 인사를 한다
Tous les interprètes montent sur la scène pour saluer.
뚤레젱떼르프레뜨 몽뜨 쒸르 라 쎈 뿌르 쌀뤼에

친구에게 손짓으로 인사하다
saluer un ami d'un geste
쌀뤼에 에나미 뎅 제스뜨

친구에게 인사를 하다
donner le bonjour à un ami
도네 르 봉주르 아 에나미

친구에게 작별 인사를 하다
dire au revoir à une amie
디르 오르부아르 아 위나미

커플에게 축하 인사를 하다
faire des félicitations au couple
페르 데 펠리씨따씨옹 오 꾸쁠르

행사가 끝난 후 사석에서 그 사람과 인사를 나누었다
À la fin de la cérémonie, j'ai eu l'occasion de le saluer en privé.
알라 펭 들라 쎄레모니 제 위 로까지옹 드 르 쌀뤼에 엉 프리베

허리를 굽혀 인사하다
se courber pour saluer
쓰 꾸르베 뿌르 쌀뤼에

허리를 숙여 인사하다
saluer en s'inclinant
쌀뤼에 엉 쎙끌리넝

허리를 일으키며 고객에게 인사를 하다
se redresser pour saluer un client
쓰 르드레쎄 뿌르 쌀뤼에 엥 끌리엉

형식적인 인사를 나누다
échanger des salutations formelles
에셩제 데 쌀뤼따씨옹 포르멜

Unité 2

시간
A Temps

 계절 Saisons

봄에는 날씨가 좋습니다.
Au printemps, il fait beau.
오 프렝떵 일 페 보

여름에는 덥습니다.
En été, il fait chaud.
어네떼 일 페 쇼

가을에는 바람이 붑니다.
En automne, il fait du vent.
어노똔 일 페 뒤 벙

겨울에는 춥습니다.
En hiver, il fait froid.
어니베르 일 페 프루아

오늘 날씨가 어떻습니까?
Quel temps fait-il aujourd'hui ?
껠 떵 페띨 오주르뒤이

날씨가 좋습니다.
Il fait beau.
일 페 보

햇볕이 쨍쨍합니다.
Il fait du soleil.
일 페 뒤 솔레유

덥습니다.
Il fait chaud.
일 페 쇼

춥습니다.
Il fait froid.
일 페 프루아

비가 옵니다.
Il pleut.
일 쁠뢰

눈이 옵니다.
Il neige.
일 네즈

바람이 붑니다.
Il fait du vent.
일 페 뒤 벙

 **날짜** Date

오늘은 무슨 요일입니까?
Quel jour sommes-nous aujourd'hui ?
껠 주르 썸 누 오주르뒤이

월요일입니다.
Nous sommes lundi.
누 썸 렝디

화요일입니다.
Nous sommes mardi.
누 썸 마르디

수요일입니다.
Nous sommes mercredi.
눠 썸 메르크르디

목요일입니다.
Nous sommes jeudi.
누 썸 죄디

금요일입니다.
Nous sommes vendredi.
누 썸 벙드르디

토요일입니다.
Nous sommes samedi.
누 썸 쌈디

일요일입니다.
Nous sommes dimanche.
누 썸 디멍슈

오늘 며칠입니까?
Quelle est la date aujourd'hui ?
껠레 라 다뜨 오주르뒤이

9 월 17 일 목요일입니다.
C'est jeudi, le 17 septembre.
쎄 죄디 르 디쎄뜨 쎕떵브르

8 월 1 일입니다.
C'est le premier août.
쎄 르 프르이에 우뜨

 **시간** Heure

몇 시입니까?
Quelle heure est-il ?
껠뢰르 에띨

실례지만 몇 시인가요?
Vous avez l'heure, s'il vous plaît ?
부자베 뢰르 씰 부 쁠레

5 시입니다.
Il est cinq heures.
일레 쌩꾀르

7 시 15 분입니다.
Il est sept heures et quart.
일레 쎄뙤르 에 꺄르

1 시 반입니다.
Il est une heure et demie.
일레뛰뇌르 에 드미

4 시 15 분전입니다.
Il est quatre heures moins le quart.
일레 꺄트뢰르 무엥 르 꺄르

9 시 7 분입니다.
Il est neuf heures sept.
일레 뇌뵈르 쎄뜨

8 시 10 분전입니다.
Il est huit heures moins dix.
일레 위이뙤르 무엥 디쓰

 표현 Expressions

간식시간
heure du goûter
외르 뒤 구떼

간신히 시간에 맞춰 오다
arriver bien juste
아리베 비엥 쥐스뜨

감광시간
temps d'impression
떵 뎅프레씨옹

개점시간
heures d'ouverture
외르 두베르뛰르

공간과 시간
l'espace et la durée
레스빠쓰 에 라 뒤레

공공기관 폐관시간
heure de fermeture d'un édifice public
외르 드 페르므뛰르 데네디피쓰 쀠블리끄

공백 시간
temps mort
떵 모르

군대식 시간의 정확함
exactitude militaire
에그작띠뛰드 밀리떼르

꾸물거리고 있을 시간이 없다
Le temps presse.
르 떵 프레쓰

귀중한 시간
un temps précieux
엥 떵 프레씨유

그는 미적거리며 시간을 끌었다
Il traînaillait.
일 트레나예

그는 시간관념이 철저하다
Il est ponctuel.
일레 뽕끄뛰엘

근로시간
temps de travail
떵 드 트라바유

근무시간
heures de bureau
외르 드 뷔로

근무시간
heures de service
외르 드 쎄르비쓰

근무시간 기록장치
enregistreur de temps
엉르지스트뢰르 드 떵

기상 시간
heure du lever
외르 뒤 르베

나는 시간이 없다
Je n'ai pas le temps.
즈 네 빠 르 떵

나는 시간이 없다
Je suis pressé(c).
즈 쒸이 프레쎄

나는 시간이 충분히 있다
J'ai tout mon temps.
제 뚜 몽 떵

나는 춤출 시간이 있다
J'ai le temps de danser.
제 르 떵 드 덩쎄

너무 이르다
Il est trop tôt.
일레 트로 또

노출 시간
temps de pose
떵 드 뽀즈

시간

늦은 시간
heure tardive
외르 따르디브

때마침
le temps aidant
르 떵 에덩

떠날 시간
le temps de partir
르 떵드 빠르띠르

도화시간
une heure de dessin
위뇌르 드 데쎙

마감 시간
date limite
다뜨 리미뜨

면담시간
les heures de visite
레죄르 드 비지뜨

면회시간
heure des visites
외르 데 비지뜨

모델의 1회의 포즈 시간
séance de pose
쎄엉쓰 드 뽀즈

무한대의 시간
temps infini
떵 엥피니

반시간
une demi-heure
윈 드미 외르

반응 시간
temps de réaction
떵 드 레악씨옹

발차 시간
heure de départ
외르 드 데빠르

밤 늦은 시간에
très tard le soir
트레 따르 르 쑤아르

방송시간
heure de diffusion
외르 드 디퓌지옹

배당된 방송시간
temps d'antenne
떵 덩뗀느

별 볼일 없는 일에 시간을 없애다
tromper le temps
트롱뻬 르 떵

보충근무시간
heures récupérables
외르 레뀌뻬라블르

비행시간
temps de vol
떵 드 볼

세월은 간다
Le temps s'en va.
르 떵 썽 바

소등시간
heure d'extinction
외르 덱쓰뗑끄씨옹

소요 시간
temps nécessaire
떵 네쎄쎄르

수거시간
heures des levées
외르 데 르베

수업시간
heures de classe
외르 드 끌라쓰

수업시간
heure de cours
외르 드 꾸르

쉬는 시간
l'heure de repos
뢰르 드 르뽀

시간과 공간
le temps et l'espace
르 떵 에 레스빠쓰

시간 낭비
une perte de temps
윈 뻬르뜨 드 떵

시간보다 훨씬 전에
bien avant l'heure
비엥 아벙 뢰르

시간 여유가 있다
Il y a du battement.
일리아 뒤 바뜨멍

시간예술(음악 · 무용 · 영화 따위)
arts du temps
아르 뒤 떵

시간 요금제(전기료 따위)
tarif horaire
따리프 오레르

시간은 충분하다
On a assez de temps
오나 아쎄 드 떵

시간은 충분하다
On a tout le temps
오나 뚤르 떵

시간을 관리하다
gérer son temps
제레 송 떵

시간을 낭비하다
émietter son temps
에미에떼 쏭 떵

시간을 낭비하다
gâcher son temps
갸셰 송 떵

시간을 낭비하다
gaspiller son temps à des broutilles
갸스삐예 쏭 떵 아 데 브루띠유

시간을 많이 빼앗는 일
travail accaparant
트라바유 아까빠렁

시간을 벌다
gagner du temps
갸녜 뒤 떵

시간을 아끼다
compter son temps
꽁떼 쏭 떵

시간을 아끼다
économiser son temps
에꼬노미제 쏭 떵

시간을 알리는 종을 치다
piquer l'heure
삐께 뢰르

시간을 유용하게 사용하다
ménager son temps
메나제 쏭 떵

시간을 초월한
hors du temps
오르 뒤 떵

시간을 초월한 예술
art extratemporel
아르 엑쓰트라떵뽀렐

시간을 큰소리로 알려주는 야경꾼
crieur de nuit
크리외르 드 뉘이

시간을 허비하다
perdre du temps
뻬르드르 뒤 떵

시간을 확인하다
consulter sa montre
꽁쐴떼 싸 몽트르

시간의 일치(고전극에서)
unité de temps
위니떼 드 떵

시간의 절약
épargne du temps
에빠르뉴 뒤 떵

시간의 흐름
cours du temps
꾸르 뒤 떵

시간의 흐름
course du temps
꾸르쓰 뒤 떵

시간의 흐름
marche du temps
마르슈 뒤 떵

시간이 걸리다
prendre du temps
프렁드르 뒤 떵

시간이 길게 느껴지다
trouver le temps long
트루베 르 떵 롱

시간이 늦었다
Il est tard.
일레 따르

시간이 많이 소요되는 요리
plat long à préparer
쁠라 롱 아 프레빠레

시간이 모자란다.
Je manque de temps.
즈 멍끄 드 떵

시간이 모자란다
Le temps me manque.
르 떵 므 멍끄

시간이 빨리 흘러간다
Le temps fuit.
르 떵 퓌이

시간이 없다
manquer de temps
멍께 드 떵

시간이 온갖 슬픔을 잊게 해 준다
Le temps console.
르 떵 꽁쏠르

시간이 이르다
Il est tôt
일레 또

시간이 절박하다
Le temps presse.
르 떵 프레쓰

시간이 정오를 지났다
Il est midi passé.
일레 미디 빠쎄

시간이 지남에 따라
avec le temps
아베끄 르 떵

시간이 흐른다
Le temps coule.
르 떵 꿀르

시간 절약
économie de temps
에꼬노미 드 떵

시간차
équation du temps
에꽈씨옹 뒤 떵

시차
décalage horaire
데꺌라즈 오레르

식사시간
l'heure de la graille
뢰르 들라 그라유

식사 시간
heure de repas
외르 드 르빠

실행시간
temps d'exécution
떵 데그제뀌씨옹

아직 이른 시간이었다
Il était encore tôt.
일레떼 엉꼬르 또

약속시간 전에 도착하다
arriver avant l'heure
아리베 아벙 뢰르

어떤 지점간의 비행시간
heures de vol
외르드 볼

엄밀하게 시간을 배정한 작업
travail minuté
트라바유 미뉘떼

여느 때와 같은 시간에
à l'heure accoutumée
알뢰르 아꾸뛰메

예정 시간 전에
avant l'heure prévue
아벙 뢰르 프레뷔

왕진시간
heure de la visite
외르 들라 비지뜨

우리는 시간이 없다
Le temps nous manque.
르 떵 누 멍끄

이런 시간에
à une heure pareille
아 위뇌르 빠레유

일정한 시간에 먹다
manger à heure fixe
멍제 아 외르 픽쓰

일조시간
durée du jour
뒤레 뒤 주르

자유시간
heures de liberté
외르 드 리베르떼

자투리시간
une tranche horaire
윈 트렁슈 오레르

작동지연시간(기계 · 기구 따위)
temps de retard
떵 드 르따르

짧은 순간
un court moment
엥 꾸르 모멍

적은 시간
un temps limité
엥 떵 리미떼

점심시간
pause de midi
뽀즈 드 미디

점호시간
l'heure de l'appel dans les casernes
뢰르 들라뻴 덩 레 꺄제른느

정해진 시간에
à l'heure désignée
알뢰르 데지녜

정해진 시간에 식사하다
manger à heures fixes
멍제 아 외르 픽쓰

제시간보다 늦어지다
avoir du retard
아부아르 뒤 르따르

제 시간에
arriver à l'heure
아리베 아 뢰르

지나간 세월
temps passé
떵 빠쎄

지루한 시간
de longues heures
드 롱그죄르

착륙시간
heure d'atterrissage
외르 다떼리싸즈

채플시간
les heures de culte protestant donné dans une chapelle
레죄르 드 뀔뜨 프로떼스떵 도네 덩쥔 샤뻴

출발 시간
heure de départ
외르 드 데빠르

출발 시간의 임박
proximité du départ
프록씨미떼 뒤 데빠르

출퇴근 시간이 자유로운 근무시간
horaire mobile
오레르 모빌

출혈시간
temps de saignement
떵 드 쎄뉴멍

통근시간
heures d'affluence où les gens se rendent à leur travail
외르 다플뤼엉쓰 우 레 정 쓰 렁드 알뢰르 트라바유

통금시간
heure du couvre-feu
외르 뒤 꾸브르 푀

폐장시간
heure(s) de fermeture
외르 드 페르므뛰르

표준 시간
temps universel
떵 위니베르셀

하루 일정을 짜다
organiser sa journée
오르갸니제 싸 주르네

한가한 시간
temps libre
떵 리브르

헛되이 흘러가버린 시간
le temps perdu
르 떵 뻬르뒤

현지 시간
heure locale
외르 로꺌

휴식시간
un moment de relâche
엥 모멍 드 를라슈

휴식시간 중이다
être en récréation
에트르 엉 레크레아씨옹

휴지기간
temps d'arrêt
떵 다레

흘러간 시간에 대한 미련
regret du temps passé
르그레 뒤 떵 빠쎄

Unité 3

소개
Présentation

 소개 Présentation

제 소개를 하겠습니다.
Je me présente.
즈 므 프레정뜨

제 이름은 토마입니다.
Je m'appelle Thomas.
즈 마뻴 또마

저는 니콜입니다.
Je suis Nicole.
즈 쒸이 니꼴

제 친구를 소개합니다.
Je vous présente mon ami.
즈 부 프레정뜨 모나미

제 동료를 소개합니다.
Je vous présente mon collègue.
즈 부 프레정뜨 몽 꼴레그

이 분께 소개해 드리겠습니다.
Je vais vous lui présenter.
즈 베 부 뤼 프레정떼

이 회사의 사장님께 소개해 드리겠습니다.
Je vais vous présenter au président de cette société.
즈 베 부 프레정떼 오 프레지덩 드 쎄뜨 쏘씨에떼

우리 대학 학장님께 소개해 드리겠습니다.
Je vais vous présenter au doyen de mon université.
즈 베 부 프레졍떼 오 두아옝 드 모뉘니베르씨떼

새 학장님을 소개합니다.
Je vous présente le nouveau doyen.
즈 부 프레졍뜨 르 누보 두아옝

이 분이 제가 말씀드린 뒤쀠이 씨입니다.
C'est M. Dupuis dont j'ai parlé.
쎄 므씨유 드쀠이 동 제 빠를레

이분이 당신이 뵙고 싶어 하시던 마르뗑 씨입니다.
C'est Mme Martin que vous avez voulu rencontrer.
쎄 마담 마르뗑 끄 부자베 불뤼 렁꽁트레

얘는 파리프랑스야.
C'est Marie-France.
쎄 마리프렁스

얘는 프랑스 사람이야.
Elle est française.
엘레 프렁쎄즈

얘는 스포츠를 좋아해.
Elle est sportive.
엘레 스뽀르티프

얘는 데이비드야.
C'est David.
쎄 다비드

얘는 미국 사람이야.
Il est américain.
일레따메리껭

얘는 프랑스에서 학교를 다녀.
Il est élève d'une école en France.
일레뗄레브 뒤네꼴 엉 프렁쓰

 답변 Réponses

반갑습니다.
Enchanté(e) !
엉셩떼

당신을 알게 되어 매우 기쁩니다.
Je suis très heureux(se) de faire votre connaissance.
즈 쒸이 트레 죄뢰(즈) 드 페르 보트르 꼬네썽스

우린 이미 아는 사이입니다.
Nous nous connaissons déjà.
누 누 꼬네쏭 데자

우리는 이미 만났었습니다.
Nous nous sommes déjà rencontrés.
누 누 썸 데자 렁꽁트레

당신 알아보겠네요.
Je vous reconnais.
즈 부 르꼬네

당신을 어디선가 뵌 적이 있습니다.
Je vous ai déjà vu(e) quelque part.
즈 부 제 데자 뷔 껠끄 빠르

당신에 대해 들은 적이 있습니다.
J'ai entendu parer de vous.
제 엉떵뒤 빠를레 드 부

저를 알아보시겠어요?
Est-ce que vous me reconnaissez ?
에스끄 부 므 르꼬네쎄

당신 직업은 무엇입니까?
De quoi vivez-vous?
드 꾸아 비베 부

저는 회계사입니다.
Je suis agent comptable.
즈 쒸이자정 꽁따블

저는 교사(교수)입니다.
Je suis professeur.
즈 쒸이 프로페쐬르

저는 컴퓨터 프로그래머입니다.
Je suis programmeur.
즈 쒸이 프로그라뫼르

저는 엔지니어입니다.
Je suis ingénieur.
즈 쒸이젱제니외르

저는 의사입니다.
Je suis médecin.
즈 쒸이 메드쎙

저는 간호사입니다.
Je suis infirmier(ère).
즈 쒸이젱피르미에(르)

저는 기자입니다.
Je suis journaliste.
즈 쒸이 주르날리스뜨

저는 통역사입니다.
Je suis interprète.
즈 쒸이젱떼르프레뜨

저는 번역사입니다.
Je suis traducteur(trice).
즈 쒸이 트라뒥뜨르(트리쓰)

저는 변호사입니다.
Je suis avocat.
즈 쒸이자보까

저는 컨설턴트입니다.
Je suis consultant(e).
즈 쒸이 꽁쒤떵(뜨)

저는 공무원입니다.
Je suis fonctionnaire.
즈 쒸이 퐁끄씨오네르

저는 사업을 합니다.
Je suis dans les affaires.
즈 쒸이 덩레자페르

 ## 학업 Études

저는 대학생입니다.
Je suis étudiant(e).
즈 쒸이제뛰디엉(뜨)

저는 고등학생입니다.
Je suis lycéen(ne)
즈 쒸이 리쎄엥(엔)

저는 중학생입니다.
Je suis collégien(ne)
즈 쒸이 꼴레지엥(엔)

저는 초등학교에 다녀요.
Je vais à l'école primaire.
즈 베 알레꼴 프리메르

저는 유치원에 다녀요.
Je vais à l'école maternelle.
즈 베 알레꼴 마떼르넬

무엇을 공부하십니까?
Qu'est-ce que vous étudier ?
께스 끄 부제뛰디에

저는 프랑스어를 공부합니다.
J'étudie le français.
제뛰디 르 프랑쎄

저는 영어를 공부합니다.
J'étudie l'anglais.
제뛰디 렁글레

저는 국문학을 공부합니다.
J'étudie la littérature coréenne.
제뛰디 라 리떼라뛰르 꼬레엔

저는 사회학을 공부합니다.
J'étudie la sociologie.
제뛰디 라 쏘씨올로지

저는 수학을 공부합니다.
J'étudie les mathématiques.
제뛰디 레 마떼마띠끄

저는 경영학을 공부합니다.
J'étudie la gestion.
제뛰디 라 제스띠옹

저는 역사학을 공부합니다.
J'étudie l'histoire.
제뛰디 리스뚜아르

저는 공학을 공부합니다.
J'étudie l'ingénierie.
제뛰디 렝제니리

저는 물리학을 공부합니다.
J'étudie la physique.
제뛰디 라 피지끄

저는 화학을 공부합니다.
J'étudie la chimie.
제뛰디 라 쉬미

 **가족** Famille

가족이 몇 명인가요?
Y a-t-il combien de personnes dans votre famille ?
이야띨 꽁비엥 드 뻬르썬 덩 보트르 파미유

저의 가족은 네 명입니다.
Il y a quatre personnes dans ma famille.
일리야 꺄트르 뻬르썬 덩 마 파미유

저는 부모님과 함께 삽니다.
J'habite avec mes parents.
자비뜨 아베끄 메 빠렁

형제가 하나 있습니다.
J'ai un frère.
제 엉 프레르

자매가 하나 있습니다.
J'ai une soeur.
제 윈 쇠르

자녀가 있습니까?
Avez-vous des enfants ?
아베 부 데정펑

예, 자녀가 둘 있습니다.
Oui, j'ai deux enfants.
위 제 되정펑

아들 하나, 딸 하나 있습니다.
J'ai un fils et une fille.
제 엥 피스 에 윈 피유

자녀가 없습니다.
Je n'ai pas d'enfant.
즈 네 빠 덩펑

나이 Âge

몇 살입니까?
Quel âge avez-vous ?
껠라즈 아베부

몇 살이니?
Quel âge as-tu ?
껠라즈 아 뛰

스무 살입니다.
J'ai 20 ans.
제 벵떵

당신 딸은 몇 살입니까?
Quel âge a votre fille ?
껠라즈 아 보트르 피유

두 살입니다.
Elle a deux ans.
엘라 되정

당신 아들은 몇 살입니까?
Quel âge a votre fils ?
껠라즈 아 보트르 피쓰

다섯 살입니다.
Il a cinq ans.
일라 쎙껑

당신은 나이보다 젊어 보입니다.
Vous faites jeune pour votre âge.
부 페뜨 진 뿌르 보트라즈

 표현 Expressions

괜찮은 호텔을 소개하다
indiquer un hôtel convenable
엥디께 에노뗄 꽁브나블르

그녀를 그에게 소개한 사람은 바로 나이다
C'est moi qui la lui ai fait connaître.
쎄 무아 끼 라 뤼이 에 페 꼬네트르

그는 우리 둘을 서로에게 소개했다
Il nous a présentés l'un à l'autre.
일 누자 프레정떼 렝 아 로트르

그 사람은 유창한 중국어로 자기 소개를 했다
Il s'est présenté dans un chinois parfait.
일쎄 프레정떼 덩젱 쉬누아 빠르페

그 선수의 근황이 외지에 소개되었다
Des nouvelles récentes sur cet athlète ont été présentées dans
un journal étranger.
데 누벨 레썽뜨 쒸르 쎄뜨 아뜰레뜨 옹떼떼 프레정떼 덩젱 주르날 에트렁제

그 여자는 아버지의 소개로 취직했다
Elle a trouvé un travail grâce à l'intervention de son père.
엘라 트루베 엥 트라바유 그라쓰 아 렝떼르벙씨옹 드 쏭 뻬르

그에게 나를 소개해 주시겠습니까?
Voulez-vous me présenter à lui?
불레 부 므 프레정떼 아 뤼이

그에게 소개받은 것을 명예롭게 생각한다
Je tiens à honneur de lui être présenté.
즈 띠엥 아 오뇌르 드 뤼이 에트르 프레정떼

나는 그 사람에게 그 여자를 소개해 달라는 부탁을 받았다
Il m'a demandé de lui présenter la jeune fille en question.
일 마 드멍데 드 뤼이 프레정떼 라 쥔 피유 엉 께스띠옹

나는 르프티 씨의 소개로 왔습니다
M. Lepetit m'a recommandé de venir ici.
므씨유 르쁘띠 마 르꼬멍데 드 브니르 이씨

나를 그 여자에게 소개해 주지 않겠습니까?
Voulez-vous me présenter à cette femme?
불레 부 므 프레정떼 아 쎄뜨 팜므

나를 그에게 소개해줘
Tu me présenteras à lui.
뛰 므 프레정뜨라 아 뤼이

능력 있는 사람을 한 명 소개받았다
J'ai rencontré une personne compétente par l'intermédiaire de quelqu'un.
제 렁콩트레 윈 뻬르썬 꽁뻬떵뜨 빠르 렝떼르메디에르 드 껠껨

능력 있는 사람을 한 명 소개받았다
On m'a présenté quelqu'un de compétent.
옹 마 프레정떼 껠껨 드 꽁뻬떵

뒤퐁 씨를 소개하게 되어 영광입니다
J'ai l'avantage de vous présenter M. Dupont.
제 라벙따즈 드 부 프레정떼 므씨유 뒤뽕

뒤퓌이 씨를 소개하겠습니다
Permettez-moi de vous présenter M. Dupuis.
빼르메떼 무아 드 부 프레정떼 므씨유 뒤쀠이

부모님께 여자 친구를 인사시키다
présenter son amie à ses parents
프레정떼 쏘나미 아 쎄 빠렁

부인을 교수님께 소개하다
présenter sa femme à un professeur
프레정떼 싸 팜 아 엥 프로페쐬르

새로운 회원은 기존 회원의 소개로 선발한다
Les nouveaux membres se recrutent sur présentation d'un ancien.
레 누보 멍브르 쓰 르크뤼뜨 쒸르 프레정따시옹 데넝씨엥

새 영화를 소개하다
présenter un nouveau film
프레정떼 엥 누보 필므

소개를 올리다
présenter qn à un supérieur
프레정떼 껠껭 아 엥 쒸뻬리외르

소개받기 이전부터 얼굴은 알고 있었습니다
Je vous connaissais de vue avant qu'on ne nous présente.
즈 부 꼬네쎄 드 뷔 아벙 꽁 느 누 프레정뜨

손님들을 서로 소개시키다
présenter les invités aux uns et aux autres.
프레정떼 레젱비떼 오젱 에 오조트르

신간 소설의 소개
présentation d'un nouveau roman
프레정따씨옹 뎅 누보 로멍

아프리카 문학에 대한 소개
présentation de la littérature africaine
프레정따씨옹 들라 리떼라뛰르 아프리껜

연사를 소개하다
présenter un conférencier
프레정떼 엥 꽁페렁씨에

외국 이론을 국내 학계에 소개하다
présenter au niveau national une théorie scientifique d'un pays étranger.
프레정떼 오 니보 나씨오날 윈 떼오리 씨엉띠피끄 뎅 뻬이 에트렁제

우리는 친구 소개로 만났다
Nous nous sommes rencontré(e)s par l'intermédiaire d'un ami.
누 누 쏨 렁꽁트레 빠르 렝떼르메디에르 데나미

의장이 보내서 온 사람이라고 자기를 소개하다
se présenter comme envoyé par le président
쓰 프레정떼 껌 엉부아에 빠르 르 프레지덩

이번 전시회를 통해 그분의 많은 작품이 국내에 소개되었다
Beaucoup de ses ouvrages sont maintenant connus nationalement grâce à cette exposition.
보꾸드 쎄주브라즈 쏭 멩뜨넝 꼬뉘 나씨오날멍 그라쓰 아 쎄떽쓰뽀지씨옹

이 신혼부부는 친구 소개로 만났다
Ces jeunes mariés se sont rencontrés grâce à des amis
쎄 쥔 마리에 쓰 쏭 렁꽁트레 그라쓰 아 데자미

이 신혼부부는 친구 소개로 만났다
Ce jeune couple s'est formé par l'intermédiaire d'amis.
쓰 쥔 꾸쁠르 쎄 포르메 빠르 렝떼르메디에르 다미

자기 자신을 소개하다
se présenter
쓰 프레정떼

자신을 간략하게 소개하다
se présenter brièvement.
쓰 프레정떼 브리에브멍

자신의 경력에 대해 이야기하다
parler de sa formation et de sa carrière
빠를레 드 싸 포르마씨옹 에 드 싸 까리에르

작가의 프로필을 소개하다
présenter le profil d'un auteur.
프레정떼 르 프로필 데노뙤르

제 동생을 소개해 드리겠습니다
Je voudrais présenter mon petit frère.
즈 부드레 프레정떼 몽 쁘띠 프레르

제 소개를 하겠습니다
Permettez-moi de me présenter.
뻬르메떼 무아 드 므 프레정떼

친구를 다른 친구에게 소개하다
introduire une amie auprès d'une autre amie
엥트로뒤이르 위나미 오프레 뒤노트르 아미

제자를 칭찬하며 소개하다
présenter son élève sous un jour avantageux
프레정떼 쏘넬레브 쑤젱 주르 아벙따죄

졸업생에게 일자리를 소개하다
recommander un diplômé pour un emploi
르꼬멍데 엥 디쁠로메 뿌렝 엉쁠루아

책의 내용을 간략하게 소개하다
présenter brièvement le contenu d'un livre.
프레정떼 브리에브멍 르 꽁뜨뉘 뎅 리브르

최신 가을 패션을 소개하는 잡지
un magazine qui présente la nouvelle mode de la saison d'automne
엥 마갸진 끼 프레정뜨 라 누벨 모드 들라 쎄종 도똔

친구를 부모님께 소개하다
présenter un ami à ses parents
프레정떼 에나미 아 쎄 빠렁

친구를 클럽에 소개하다
présenter une amie dans un club
프레정떼 위나미 당젱 끌럽

친구에게 아내가 될 사람을 소개하다
présenter sa future à un ami
프레정떼 싸 퓌뛰르 아 에나미

친구인 카트린을 소개해 드리겠습니다.
Je vous présente mon amie Catherine.
즈 부 프레정뜨 모나미 꺄트린

토마를 마리에게 소개하다
faire les présentations de Thomas à Marie
페르 레 프레정따씨옹 드 또마 아 마리

협회를 소개하는 소책자를 발간하다
publier un fascicule présentant l'association.
쀠블리에 엥 파씨뀔 프레정떵 라쏘씨아씨옹

혹시 우리 전에 서로 소개한 적 있지 않나요?
Est-ce qu'on s'est déjà présenté, par hasard?
에스꽁쎄 데자 프레정떼 빠르 아자르

Unité 4

초대

⋏ Invitation

집으로의 초대 Invitation chez soi

저의 집에 와주시길 부탁합니다.
Venez chez moi, s'il vous plaît.
브네 셰 무아 씰 부 쁠레

저의 집에 오시겠어요?
Voulez-vous venir chez moi ?
불레부 브니르 셰 무아

저의 집에 오실 수 있으신지요?
Pouvez-vous venir chez moi ?
뿌베 부 브니르 셰 무아

저의 집에 꼭 오셔야 합니다!
Vous devez venir chez moi !
부 드베 브니르 셰 무아

저의 집에 와 주셨으면 합니다.
Je souhaite que vous veniez chez moi.
즈 쑤에뜨 끄 부 브니에 셰 무아

당신을 오늘 우리 집에 초대하고 싶습니다.
Je voudrais vous inviter chez moi aujourd'hui.
즈 부드레 부젱비떼 셰 무아 오주르드뒤이

우리 집에서 차 마시자.
Prenons du thé chez moi.
프르농 뒤 떼 셰 무아

오늘 우리 집에 오렴.
Viens chez moi aujourd'hui.
비엥 셰 무아 오주르뒤이

제 생일인데 우리 집에 식사하러 오세요.
Venez manger chez moi, c'est mon anniversaire.
브네 멍제 셰 무아 쎄 모나니베르쎄르

오늘 저녁에 우리 집에 파티가 있는데 오시겠어요?
Il y a une soirée chez moi aujourd'hui, vous venez ?
일리야 원 쑤아레 셰 무아 오주르뒤이 부 브네

들어오세요!
Entrez !
엉트레

들어오시지요!
Entrez, s'il vous plaît !
엉트레, 씰 부 쁠레

들어와!
Entre !
엉트르

기다리세요!
Attendez, s'il vous plaît !
아떵데 씰 부 쁠레

잠깐만 기다리세요!
Un moment, s'il vous plaît !
엉 모멍 씰 부 쁠레

편히 쉬세요.
Mettez-vous à l'aise.
메떼 부 알레즈

집에서처럼 편히 쉬세요.
Faites comme chez vous.
페뜨 껌 셰 부

받으세요. 선물이에요.
Tenez. C'est pour vous.
뜨네 쎄 뿌르 부

너에게 줄 작은 선물을 하나 가져왔어.
J'ai apporté un petit cadeau pour toi.
제 아뽀르떼 엥 쁘띠 꺄도 뿌르 뚜아

정말로 고마워요!
Vraiment, c'est trop gentil !
브레멍 쎄 트로 정띠

안 그러셔도 되는데…
Oh, il ne fallait pas…
오 일 느 팔레 빠

마실 것 좀 드릴까요?
Vous voulez boire quelque chose ?
부 불레 부아르 껠그 쇼즈

무엇을 드시겠어요?
Qu'est-ce que vous prendrez ?
께스 끄 부 프렁드레

이 케이크 좀 드세요.
Prenez un peu ce gâteau.
프르네 엥 쁴 쓰 갸또

더 드시지 않겠어요?
Vous n'en voulez plus ?
부 넝 불레 쁠뤼

 **식사 초대** Invitation à un repas

점심식사에 초대하고 싶습니다.
Je voudrais vous inviter à déjeuner.
즈 부드레 부젱비떼 아 데죄네

저녁식사에 초대하고 싶습니다.
Je voudrais vous inviter à dîner.
즈 부드레 부쟁비떼 아 디네

제가 오늘 저녁 살게요.
Je vous invite à dîner ce soir.
즈 부쟁비따디네 쓰 쑤아르

식당에서 식사합시다.
Mangeons dans un restaurant.
멍종 덩젱 레스또렁

레스토랑에 식사하러 갑시다.
Allons manger dans un restaurant.
알롱 멍제 덩젱 레스또렁

오늘 레스토랑에서 저녁식사 하시겠습니까?
Voulez-vous dîner dans un restrauant ce soir ?
불레부 디네 덩젱 레스또렁 쓰 쑤아르

레스토랑에서 점심 먹는 것을 어떻게 생각하십니까?
Qu'est-ce que vous pensez de déjeuner dans un restaurant ?
께스끄 부 뻥쎄 드 데죄네 덩젱 레스또렁

카페에 갈까요?
On va au café ?
옹 바 오 까페

우리 언제 만나지?
Quand est-ce qu'on se voit ?
껑떼스 꽁 쓰 부아

화요일 오후 5 시 괜찮니?
Mardi à 17 heures, ça te va ?
마르디 아 디쎄뙤르 싸 뜨 바

그래 좋아.
Oui, ça me va.
위 싸 므 바

공연 초대 Invitation à un spectacle

오늘 저녁 시간 있니?
Tu es libre ce soir ?
뛰 에 리브르 쓰 쑤아르

나랑 영화 보러 갈래?
Tu viens au cinéma avec moi ?
뛰 비엥 오 씨네마 아베끄 무아

당신을 극장에 초대하고 싶습니다.
Je voudrais vous inviter au théâtre.
즈 부드레 부젱비떼 오 떼아트르

극장에서 새 연극 보는 거 어때요?
Qu'est-ce que vous pensez de voir une nouvelle pièce au théâtre ?
께스끄 부 뻥쎄 드 부아르 윈 누벨 삐에쓰 오 떼아트르

오늘 영화관에 가는 것이 좋을 것입니다.
Il vaut mieux aller au cinéma aujourd'hui.
일 보 미유 알레 오 씨네마 오주르뒤이

오늘 영화 보러 가자.
Allons voir un film aujourd'hui.
알롱 부아르 엥 필므 오주르뒤이

당신을 음악회에 초대하게 해주십시오.
Permettez-moi de vous inviter au concert.
뻬르메떼 무아 드 부젱비떼 오 꽁쎄르

영화 보러 가는 것 어때?
Qu'est-ce que tu penses d'aller au cinéma ?
께스 끄 뛰 뻥쓰 달레 오 씨네마?

콘서트 가는 것 어때?
Qu'est-ce que tu penses d'aller au concert ?
께스 끄 뛰 뻥쓰 달레 오 꽁쎄르?

좋은 시간 보내시기 바랍니다.
Je souhaite que vous passiez un bon moment.
즈 쑤에뜨 끄 부 빠시에 엥 봉 모멍

그 외 초대 D'autres invitations

오늘 회의가 있습니다. 오세요.
Il y a une réunion aujourd'hui. Venez !
일리아 윈 레위니옹 오주르뒤이 브네

내일 흥미로운 강연이 있습니다. 오셨으면 좋겠습니다.
Il y aura une conférence intéressante demain. Je voudrais que vous y veniez.
일리 오라 윈 콩페렁쓰 엥떼레썽뜨 드멩 즈 부드레 끄 부지 브니에

오늘 강연에 오시기를 바랍니다.
Je voudrais que vous veniez à la conférence aujourd'hui.
즈 부드레 끄 부 브니에 알라 꽁페렁쓰 오주르뒤이

같이 외출합시다.
Sortons ensemble.
쏘르똥 엉썽블

점심식사 후 산책하시겠어요?
Voulez-vous vous promener après le déjeuner ?
불레부 부 프로므네 아프레 르 데죄네

오늘 스케이트장 가자!
Allons à la patinoire aujourd'hui !
알롱 알라 빠띠누아르 오주르뒤이

숲으로 갑시다.
Allons à la forêt.
알롱 알라 포레

니콜에게 가보자.
Allons voir Nicole.
알롱 부아르 니꼴

오늘 소풍 가고 싶니?
Veux-tu aller au pique-nique aujourd'hui ?
뵈 뛰 알레 오 삐끄니끄 오주르뒤이?

갈까?
On y va ?
오니바

 **답변** Réponses

좋습니다.
D'accord.
다꼬르

물론이죠!
Bien sûr !
비엥 쒸르

예, 좋아요.
Oui, je veux bien.
위 주 뵈 비엥

기꺼이요!
Avec plaisir !
아베끄 쁠레지르

기꺼이요!
Très volontiers !
트레 볼롱띠에

친절하시네요.
C'est très sympa.
쎄 트레 쎙빠

좋아!
C'est super !
쎄 쒸뻬르

좋아 !
Chouette !
슈에뜨

좋아
Génial !
제니알

아마도 될 거야.
Peut-être.
뾔떼트르

죄송하지만 시간이 없는데요.
Je suis desolé(e), je ne suis pas libre.
즈 쒸이 데졸레 즈 느 쒸이 빠 리브르

죄송해요. 선약이 있어요.
Je regrette, je suis déjà pris(e).
즈 르그레뜨 즈 쒸이 데자 프리(즈)

 표현 Expressions

갑작스러운 초대
une invitation inattendue
위넹비따씨옹 이나떵뒤

결혼식에 초대하다
inviter une amie à une cérémonie de mariage.
엥비떼 위나미 아 윈 쎄레모니 드 마리아즈

그녀는 그들의 집에 한번도 초대받은 적이 없다
Elle n'a jamais été invitée chez eux.
엘 나 자메 에떼 엥비떼 셰죄

그녀는 나를 저녁 식사에 초대했다
Elle m'a invité à venir dîner chez elle.
엘 마 엥비떼 아 브니르 디네 셰젤

그는 승진을 해서 친구들을 초대해 기념하고자 했다
Il vient d'être promu, et il a voulu marquer le coup en invitant ses amis.
일 비엥 데트르 프로뮈 에 일라 불뤼 마르께 르 꾸 어넹비떵 쎄자미

그는 약속을 어긴데 대해 사과하는 의미로 나를 저녁식사에 초대했다
Il m'a invité au dîner pour se faire pardonner sa promesse ratée.
일 마 엥비떼 오 디네 뿌르 쓰 페르 빠르도네 싸 프로메쓰 라떼

그는 자기가 초대받지 않은 것을 이상하게 여기고 있다
Il trouve étrange qu'on ne l'ait pas invité.
일 트루브 에트렁즈 꽁 느 레 빠젱비떼

그는 자기를 초대해 주지 않아서 기분이 상했다
Il s'est froissé qu'on ne l'ait pas invité.
일 쎄 프루아쎄 꽁 느 레 빠젱비떼

그는 초대를 거절했다고 나를 비난한다
Il me désapprouve d'avoir refusé son invitation
일 므 데자프루브 다부아르 르퓌제 쏘넹비따씨옹

그들은 서로 잘 초대한다
Ils se reçoivent beaucoup.
일 쓰 르쑤아브 보꾸

그들은 손님초대를 거의 하지 않는다
Ils reçoivent très peu.
일 르쑤아브 트레 쁴

그 사람도 물론 초대하겠습니다
Je l'inviterai aussi, cela va sans dire.
즈 렝비뜨레 오씨 쓸라 바 썽 디르

그 사람은 몸이 아프다는 핑계로 초대를 거절했다
Il a refusé l'invitation prétextant d'être malade.
일라 르퓌제 렝비따씨옹 프렉떽쓰떵 데트르 말라드

그 사람의 초대손님
son invité
쏘넹비떼

나는 그 영화 시사회에 초대받았다
J'ai été invité(e) à l'avant-première du film.
제 에떼 엥비떼 알라벙프르미에르 뒤 필므

나는 몇 사람이나 이 초대에 응할지 자문해 본다
Je me demande combien de personnes répondront à cette invitation.
즈 므 드멍드 꽁비엥 드 뻬르썬 레뽕드롱 아 쎄뗑비따씨옹

나는 초대 받지 않아서 왠지 눈치가 보입니다
Comme je suis venu(e) sans invitation, je me sens un peu gêné(e).
껌 즈 쒸이 브뉘 썽젱비따씨옹 즈 므 썽 엥 쀠 제네

내가 그의 초대를 거절하자 그는 머쓱해 했다
Il a été découragé lorsque j'ai refusé son invitation.
일라 에떼 데꾸라제 로르스끄 제 르퓌제 쏘넹비따씨옹

내가 아는 한 그는 당신을 초대하지 않았다
Je ne sache pas qu'il vous ait invité.
즈 느 싸슈 빠 낄 부제 엥비떼

내가 아는 한 그는 초대 받지 않았다
Il n'était pas invité, autant que je sache.
일 네떼 빠젱비떼 오떵 끄 즈 싸슈

내가 친구집에 초대를 못 받다니 뜻밖이다
Je m'étonne de ne pas avoir été invité chez mes amis.
즈 메똔느 드 느빠자부아르 에떼 엥비떼 셰 메마지

너무 빼지 말고 초대를 수락하세요
Acceptez cette invitation et ne faites pas trop de simagrées.
악쎕떼 쎄뗑비따씨옹 에 느 페뜨 빠 트로 드 씨마그레

네가 그를 초대하면 분위기는 끝장이야!
Si tu l'invites, bonjour l'ambiance!
씨 뛰 렝비뜨 봉주르 렁비엉쓰

다과회에 초대되다
être invité(e) à un thé
에트르 엥비떼 아 엥 떼

당신을 제 결혼식에 초대합니다
Je vous invite à mes noces.
즈 부젱비뜨 아 메 노쓰

뒤퓌이 씨의 초대를 받았다
Je suis invité par M. Dupuis.
즈 쒸이젱비떼 빠르 므씨유 뒤쀠이

만찬에 초대받은 사람들은 대개 대사들이었다
Les convives étaient, pour la plupart, des ambassadeurs.
레 꽁비브 에떼 뿌르 라 쁠뤼빠르 데정바싸되르

매우 친한 몇몇 친구들만이 초대되었다
On n'a invité que quelques intimes.
옹 나 엥비떼 끄 껠끄젱띰

몇몇 친구만 초대되었다
Seuls quelques amis choisis ont été invités.
쐴 껠끄자미 슈아지 옹떼떼 엥비떼

모든 연령층의 사람들이 초대되었다
Des gens de tous âges ont été invités.
데 정 드 뚜자즈 옹떼떼 엥비떼

모처럼 초대해 주셨는데 못 가게 되어 대단히 미안합니다
Je suis vraiment désolé(e) de ne (pas) pouvoir accepter votre
aimable invitation.
즈 쒸이 브레멍 데졸레 드 느 (빠) 뿌부아르 악쎕떼 보트르 에마블렝비따씨옹

방송 프로그램에서의 기자의 플로어 초대 손님
invité d'un journaliste sur le plateau d'une émission
엥비떼 뎅 주르날리스뜨 쒸르 르 쁠라또 뒤네미씨옹

베르니사주(미술 전람회 개최 전날의 특별초대)에 초대받다
être invité à un vernissage
에트렝비떼 아 엥 베르니싸즈

사양하지 않고 초대에 응하다
accepter une invitation sans façon
악쎕떼 위넹비따씨옹 썽 파쏭

생일에 친구들을 초대하다
inviter ses amis pour son anniversaire.
엥비떼 쎄자미 뿌르 쏘나니베르쎄르

손가락으로 초대해야 할 사람 수를 꼽다
compter le nombre des personnes à inviter sur les doigts.
꽁떼 르 농브르 데 뻬르썬 아 엥비떼 쒸르 레 두아

손님 초대 식사
repas conviviaux
르빠 꽁비비오

시기 적절한 초대
invitation bienvenue
엥비따시옹 비엥브뉘

식비는 초대한 측에서 부담한다
C'est celui qui invite qui paie les consommations.
쎄 쓸뤼이 끼 엥비뜨 끼 뻬 레 꽁쏘마씨옹

식장에 초대된 하객들
les invités d'une réception
레젱비떼 뒨 레쎕씨옹

아무리 수가 많아도 여러분 모두를 초대합니다
Je vous invite tous, autant que vous soyez.
즈 부젱비뜨 뚜쓰 오떵 끄 부 쑤아예

어떤 작품의 리허설에 초대받다
être invité à la générale d'une pièce
에트렝비떼 알라 제네랄 뒨 삐에쓰

연회에 초대되다
être convié à un banquet
에트르 꽁비에 아 엥 벙께

우리는 바로 그를 초대했다
C'est lui que nous avons invité.
쎄 뤼이 끄 누자봉 엥비떼

우리 말고도 초대된 손님이 많았다
En plus de nous, il y avait beaucoup d'autres invités.
엉 쁠뤼쓰 드 누 일리 아베 보꾸 도트르젱비떼

이번 모임에 귀하를 초대합니다
Nous vous convions à cette réunion.
누부꽁비옹 아 쎄뜨 레위니옹

장관님을 만찬에 초대하다
inviter le ministre à dîner
엥비떼 르 미니스트르 아 디네

장관님을 오찬에 초대하다
convier le ministre à un déjeuner officiel
꽁비에 르 미니스트르 아 엥 데죄네 오피씨엘

저의 초대에 응해 주신다면 감사하겠습니다
Je vous serais obligé d'accepter mon invitation.
즈 부 쓰레 오블리제 닥쎕떼 모넹비따씨옹

제가 내겠습니다
Vous êtes mon invité.
부젯 모넹비떼

제 초대에 응해 주시겠습니까?
Me ferez-vous la grâce d'accepter mon invitation?
므 프레부 라 그라쓰 닥쎕떼 모넹비따씨옹

집에 몇몇 친구들을 초대하다
inviter quelques amis chez lui
엥비떼 껠끄자미 셰 뤼이

집에 초대한 손님들이 있다
avoir des invités chez soi
아부아르 데젱비떼 셰 쑤아

초대를 거절하다
décliner une offre
데끌리네 위노프르

초대를 거절할 핑계를 찾다
chercher un biais pour refuser une invitation
셰르셰 엥 비에 뿌르 르퓌제 위넹비따씨옹

초대를 받아들이다
accepter une invitation
악쎕떼 위넹비따씨옹

초대를 사절하다
refuser une offre
르퓌제 위노프르

초대를 수락하는 회신을 보내다
répondre un mot aimable à une invitation
레뽕드르 엥 모 에마블 아 위넹비따씨옹

초대를 일언지하에 거절하다
refuser raide une invitation
르퓌제 레드 위넹비따씨옹

초대받아 저녁식사를 하다
dîner en ville
디네 엉 빌

초대받지 못했다고 기분 나빠하다
s'offenser de ne pas être invité
쏘펑쎄 드 느빠제트르 엥비떼

초대 손님에게 음식을 다시 내다
représenter les plats aux invités
르프레정떼 레 쁠라 오젱비떼

초대에 응하지 않다
refuser une invitation
르퓌제 위넹비따씨옹

초대하다
faire une invitation
페르 위넹비따씨옹

초대한 사람들이 아직 도착하지 않았다
Il n'est pas encore arrivé d'invités.
일 네 빠정꼬르 아리베 뎅비떼

초대해주셔서 기뻤습니다.
Votre invitation m'a charmé.
보트르 엥비따씨옹 마 샤르메

초대해주셔서 기쁩니다.
Je suis charmé de votre invitation.
즈 쒸이 샤르메 드 보트렝비따씨옹

초대해주셔서 대단히 감사합니다
C'est bien à vous de m'inviter.
쎄 비엥 아 부 드 멩비떼

친구들을 야회에 초대하다
réunir des amis à une soirée
레위니르 데자미 아 윈 쑤아레

친구를 저녁모임에 초대하다
convier un ami à une soirée
꽁비에 에나미 아 윈 쑤아레

친구를 저녁 식사에 초대하다
inviter un ami à dîner
엥비떼 에나미 아 디네

친구를 점심에 초대하다
inviter une amie à déjeuner
엥비떼 위나미 아 데죄네

친구를 집에 초대하다
inviter un ami à la maison
엥비떼 에나미(위나미) 알라 메종

친구를 집에 초대하다
ouvrir sa maison à un ami
우브리르 싸 메종 아 에나미

친구를 집으로 초대하다
inviter un(e) ami(e) chez soi
엥비떼 에나미 셰 쑤아

토마가 너를 초대한다지?
Thomas a dit qu'il t'invite, n'est-ce pas?
또마 아 디 낄 땡비뜨 네쓰빠

화요일은 그가 손님을 초대하는 날이다
Le mardi est son jour de réception.
르 마르디 에 쏭 주르 드 레쎕씨옹

Unité 5

부탁
⚲ Demandes

 **부탁** Demandes

전화 부탁드립니다.
Je vous demande de m'appeler.
즈 부 드멍드 드 마쁠레

저 좀 도와주시겠어요?
S'il vous plaît, vous pouvez m'aider ?
씰 부 쁠레 부 뿌베 메데

제 짐 좀 들어주시겠어요?
Vous voulez bien m'aider à porter mon bagage, s'il vous plaît ?
부 불레 비엥 메데 아 뽀르떼 몽 바가주 씰 부 쁠레

창문 좀 열어주시겠어요?
Pardon, pourriez-vous ouvrir la fenêtre ?
빠르동 뿌리에 부 우브리르 라 프네트르

열심히 공부했으면 해.
Je te conseille de travailler studieusement.
즈 뜨 꽁쎄유 드 트라바예 스뛰디유즈멍

이것을 할 것을 제안합니다.
Je vous propose de le faire.
즈 부 프로포즈 드 르 페르

조용히 해주세요.
Je vous demande d'être silencieux.
즈 부 드멍드 데트르 씰렁씨유

흡연하지 말아주세요.
Je vous demande de ne pas fumer.
즈 부 드멍드 드 느 빠 퓌메

운동을 권합니다.
Je vous conseille de faire de l'exercice.
즈 부 꽁쎄유 드 페르 드 레그제르씨쓰

개가 춤추게 놔 두어라.
Laisse-la danser.
레쓰 라 덩쎄

걱정하지 마세요.
Ne vous inquiétez pas.
느 부젱끼에떼 빠

안심하세요.
Rassurez-vous.
라쒸레 부

실망하지 마세요.
Ne vous découragez pas.
느 부 데꾸라제 빠

참으세요.
Soyez patient.
쑤아예 빠씨엉

이전 일은 잊어버리세요.
Ne pensez plus au passé.
느 뻥쎄 쁠뤼 오 빠쎄

제 휴대폰 가져다주실 수 있나요?
Pouvez-vous m'apporter mon téléphone mobile ?
뿌베 부 마뽀르떼 몽 뗄레폰 모빌

괜찮다면 제 휴대폰 가져다주실 수 있나요?
Si ça ne vous dérange pas, pouvez-vous m'apporter mon téléphone mobile ?
씨 싸 느 부 데렁주 빠 뿌베 부 마뽀르떼 몽 뗄레폰 모빌

운전을 부탁드려도 될까요?
Puis-je vous demander de conduire ?
쀠이 주 부 드멍데 드 꽁뒤이르

같이 걸을까요?
On marche ensemble ?
옹 마르쓔 엉썽블

지금 일하는 것이 좋을 것입니다.
Il vaut mieux travailler maintenant.
일 보 미유 트라바예 멩뜨넝

지금 일해야 합니다.
Il faut travailler maintenant.
일 포 트라바예 멩뜨넝

지금 일하셨으면 좋겠습니다.
Je voudrais que vous travailliez maintenant.
즈 부드레 끄 부 트라바이예 멩뜨넝

정숙!
Silence !
씰렁쓰

진정하세요.
Calmez-vous.
깔메 부

소리를 멈추시오.
Arrêtez de faire du bruit.
아레떼 드 페르 뒤 브뤼이

매일 프랑스어 책을 열 페이지씩 읽으세요.
Lisez dix pages d'un livre fançais.
리제 디 빠주 뎅 리브르 프렁쎄

프랑스 뉴스를 들으세요.
Écoutez des journaux télévisés français.
에꾸떼 데 주르노 뗄레비제 프렁쎄

불어로 많이 말하도록 노력하세요.
Essayez de parler beaucoup en français.
에쎄예 드 빠를레 보꾸 엉 프렁쎄

연설 부탁드립니다.
Prenez la parole, s'il vous plaît.
프르네 라 빠롤 씰 부 쁠레

후보를 추천해주시기 바랍니다.
Recommandez un candidat, s'il vous plaît.
르꼬멍데 엥 껑디다 씰 부 쁠레

투표해주십시오.
Votez, s'il vous plaît.
보떼 씰 부 쁠레

제가 40 분 정도 발표할 수 있을까요?
Est-ce que je peux parler pendant environ 40 minutes ?
에스 끄 주 쀠 빠를레 뻥덩 엉비롱 까렁뜨 미뉘뜨

질문하세요.
Posez des questions, s'il vous plaît.
뽀제 데 께스띠옹 씰 부 쁠레

라디오 꺼줘.
Arrête la radio, s'il te plaît.
아레뜨 라 라디오 씰 뜨 쁠레

마리 뒤퓌이 선생님 대신 학생들을 가르쳐주셨으면 좋겠습니다.
Je vous demande de remplacer Mme Marie Dupuis pour enseigner lesélèves.
즈 부 드멍드 드 렁쁠라쎄 마담 마리 뒤삐이 뿌르 엉쎄녜 레 젤레브

논문을 빨리 제출하기를 권합니다.
Je vous conseille de remettre votre thèse tôt.
즈 부 꽁쎄유 드 르메트르 보트르 떼즈 또

7 월 1 일에서 15 일까지 휴가를 신청합니다.
Je vous demande une période de vacances du 1er au 15 juillet.
즈 부 드멍드 윈 뻬리오드 드 바껑쓰 뒤 프르미에 오 껭즈 쥐이에

귀대학에서 프랑스문학을 가르치고 싶습니다.
Je voudrais enseigner la littérature française à votre université.
즈 부드레정쎄녜 라 리떼라뛰르 프렁쎄즈 아 보트르 위니베르씨떼

사임을 청합니다.
Je présente ma démission.
즈 프레정뜨 마 데미씨옹

 답변 Réponses

좋아요.
Entendu.
엉떵뒤

찬성입니다.
Je suis d'accord.
즈 쒸이 다꼬르

당신 말이 옳아요.
Vous avez raison.
부자베 레종

네.
Oui.
위

물론입니다.
Bien sûr.
비엥 쒸르

그렇게 하겠습니다.
Je vais le faire.
즈 베 르 페르

그럼요.
Oui, absolument.
위 압쏠뤼멍

맞습니다.
C'est vrai.
쎄 브레

당신이 옳습니다.
Vous avez raison.
부자베 레종

당신의 의견에 반대할 수 없습니다.
Je ne peux pas être contre votre avis.
즈 느 쀠 빠제트르 꽁트르 보트라비

당신 의견에 동의합니다.
Je suis d'accord avec vous.
즈 쒸이 다꼬르 아베끄 부

당신의 의견에 동의합니다.
Je suis d'accord avec votre avis.
즈 쒸이 다꼬르 아베끄 보트라비

반대하지 않습니다.
Je ne suis pas contre.
즈 느 쒸이 빠 꽁트르

그것이 사실이라고 확신합니다.
Je suis convaincu(e) que c'est vrai.
즈 쒸이 꽁벵뀌 끄 쎄 브레

옳다고 생각합니다.
Je crois que c'est vrai.
즈 크루아 끄 쎄 브레

당신이 옳은 것 같습니다.
Je crois que vous avez raison.
즈 크루아 끄 부자베 레종

지금 하겠습니다.
Je vais le faire dès maintenant.
즈 베 르 페르 데 멩뜨넝

잠깐만요.
Un instant, s'il vous plaît.
에넹스떵 씰 부 쁠레

모르겠습니다.
Je ne sais pas.
즈 느 쎄 빠

아마도 할 수 있을 것입니다.
Peut-être, je pourrai le faire.
쁴떼트르 즈 뿌레 르 페르

아마도 할 수 없을 것 같습니다.
Peut-être, je ne pourrai pas le faire.
쁴떼트르 즈 느 뿌레 빠 르 페르

생각해보겠습니다.
Je vais réfléchir.
즈 베 레플레씨르

당장 답변을 해드릴 수 없습니다.
Je ne peux pas vous répondre immédiatement.
즈 느 쁴 빠 부 레뽕드르 이메디아뜨멍

하도록 노력해보겠습니다.
Je vais essayer de le faire.
즈 베 에쎄예 드 르 페르

다른 관점에서 말씀드려도 되겠습니까?
Puis-je vous parler d'un autre point de vue ?
쀠이즈 부 빠를레 뎅 오트르 뿌엥 드 뷔

죄송하지만 할 수 없습니다.
Je suis désolé(e), mais je ne peux pas le faire.
즈 쒸이 데졸레 메 즈 느 쁴 빠 르 페르

죄송하지만 도와드릴 수 없습니다.
Je suis désolé(e), mais je ne peux pas vous aider.
즈 쒸이 데졸레 메 즈 느 쁴 빠 부제데

동의할 수 없습니다.
Je ne peux pas être d'accord avec vous.
즈 느 뾔 빠 에트르 다꼬르 아베끄 부

동의 할 수 없어요.
Je ne suis pas d'accord.
즈 느 쒸이 빠 다꼬르

그렇지 않다고 확신합니다.
Je suis convaincu(e) que ce n'est pas vrai.
즈 쒸이 꽁벵뀌 끄 쓰 네 빠 브레

아뇨, 그렇지 않습니다.
Non, ce n'est pas vrai.
농 쓰 네 빠 브레

당신은 옳지 않습니다.
Vous avez tort.
부자베 또르

절대로 안 됩니다!
Non, absolument pas !
농 압쏠뤼멍 빠

표현 Expressions

가족들에게 문제가 생길 경우 뒷일을 부탁하다
demander à sa famille de prendre en charge la suite de ses
affaires en cas de problème
드멍데 아 싸 파미유 드 프렁드르 엉 샤르즈 라 쒸이뜨 드 쎄자페르 엉 까 드 프
로블렘

각별히 부탁하다
demander spécialement
드멍데 스뻬씨알멍

간곡한 부탁
demande instante
드멍드 엥스떵뜨

간곡한 부탁
demande pressante
드멍드 프레썽뜨

간절한 부탁
une requête pressante
윈 르께뜨 프레썽뜨

간절한 부탁을 들어주다
satisfaire à une requête
싸띠스페르 아 윈 르께뜨

간절히 부탁하다
demander vivement
드멍데 비브멍

거듭 부탁하다
demander plusieurs fois
드멍데 쁠뤼지외르 푸아

격려를 부탁하다
demander des encouragements
드멍데 데정꾸라즈멍

결례인 줄 알면서도 이렇게 부탁드립니다
Je vous demande ce service bien que je sache là manquer à
l'étiquette.
즈 부 드멍드 쓰 쎄르비쓰 비엥 끄 즈 싸슈 라 멍께 아 레띠께뜨

곤란한 부탁을 하다
faire une demande difficile
페르 윈 드멍드 디피씰

관객 여러분께 열렬한 박수를 부탁드립니다
Je vous propose, chers spectateurs, d'applaudir chaleureusement.
즈 부 프로뽀즈 셰르 스뻭따뛰르 다쁠로디르 샬뢰뢰즈멍

관청에 협조를 부탁하는 서신을 보내다
envoyer à l'administration une lettre pour se faire accorder une faveur.
엉부아예 아 라드미니스트라씨옹 윈 레트르 뿌르 쓰 페르 아꼬르데 윈 파뵈르

그녀는 공항에 마중나와 달라고 편지에 쓴다
Elle écrit qu'on aille la chercher à l'aéroport.
엘레크리 꼬나유 라 셰르셰 알라에로뽀르

그녀는 그 사람의 부탁을 차마 거절할 수 없었다고 술회하였다
Elle a avoué qu'elle n'avait pu refuser ce qu'il lui demandait.
엘라 아부에 껠 나베 쀠 르퓌제 쓰 낄 뤼이 드멍데

그는 나의 부탁에 곤혹스러워했다
Ma demande l'a tourmenté
마 드멍드 라 투르멍떼

그는 나의 부탁에 냉담한 반응을 보였다
Il a réagi froidement à ma demande
일라 레아지 프루아드멍 아 마 드멍드

그는 나의 부탁에 냉담한 반응을 보였다
Il n'a accordé aucune attention à ma demande.
일 나 아꼬르데 오뀌나떵씨옹 아 마 드멍드

그는 나의 부탁에 냉담한 반응을 보였다
Il s'est montré indifférent à ma demande.
일 쎄 몽트레 엥디페렁 아 마 드멍드

그는 나의 부탁을 받고 대뜸 승낙을 했다
Il a acquiescé à ma demande sur-le-champ.
일라 아끼에쎄 아 마 드멍드 쒸르 르 셩

그는 나의 부탁을 비정하게 거절했다
Il a refusé ma demande sans pitié.
일라 르퓌제 마 드멍드 썽 삐띠에

그는 내 부탁을 기꺼이 들어주었다
Il a accepté ma demande avec plaisir.
일라 악쎕떼 마 드멍드 아베끄 쁠레지르

그는 내 부탁을 기꺼이 들어주었다
Il a répondu positivement à ma demande.
일라 레뽕뒤 뽀지띠브멍 아 마 드멍드

그는 부탁받은 일을 잊었음을 시인했다
Il a confessé avoir oublié la commission.
일라 꽁페쎄 아부아르 우블리에 라 꼬미씨옹

그는 어린아이에게 그런 부탁을 하기가 민망해서 입을 열지 못했다
Honteux de devoir demander un service pareil à un enfant, il est resté muet.
옹뙤 드 드부아르 드멍데 엥 쎄르비쓰 빠레유 아 엥 엉펑 일레 레스떼 뮈에

그는 우리의 부탁에 즉각 응했다
Il a répondu tout de suite à notre sollicitation.
일라 레뽕뒤 뚜 드 쒸이드 아 노트르 쏠리씨따씨옹

그런 부탁은 들어줄 수 없다
Je ne peux pas satisfaire une telle demande.
즈 느 쁴 빠 싸띠스페르 윈 뗄 드멍드

그런 부탁을 들어주는 데 맨입으로 되나?
Comment accepter une telle demande sans aucune contrepartie?
꼬멍 악쎕떼 윈 뗄 드멍드 썽조뀐 꽁트르빠르띠

그만두란 사람이 누군데 이제 와서 부탁이야?
N'est-ce pas toi qui m'as dit de laisser tomber, et maintenant tu me demandes un service?
네쓰 빠 뚜아 끼 마 디 드 레쎄 똥베 에 멩뜨넝 뛰 므 드멍드 엥 쎄르비쓰

그분의 발표에 대해 평을 해주시면 감사하겠습니다
Veuillez nous faire part de vos remarques sur son exposé.
뵈예 누 페르 빠르 드 보 르마르크 쒸르 쏘넥쓰뽀제

그 사람은 부탁을 받을 때마다 곤란해 하는 빛을 비친다
Il fait toujours mine d'être contrarié lorsqu'on lui demande un service.
일 페 투주르 민느 데트르 꽁트라리에 로르스꽁 뤼이 드멍드 엥 쎄르비쓰

그 사람은 부탁을 쾌히 수락했다
Il a accepté ce service avec plaisir.
일라 악쎕떼 쓰 쎄르비쓰 아베끄 쁠레지르

그 사람은 부하직원들에게 그 일을 맡겼다
Il a confié ses affaires à ses subalternes.
일라 꽁피에 쎄자페르 아 쎄 쒸발떼른느

그 사람은 여지없이 나의 부탁을 거절했다
Il a refusé sans hésitation ma demande.
일라 르퓌제 썽제지따씨옹 마 드멍드

그에게 탐방기사를 다시 작성해 달라고 부탁했다
On lui a demandé de récrire son reportage.
옹 뤼이 아 드멍데 드 레크리르 쏭 르뽀르따즈

그의 부탁을 거절한 일이 마음에 걸린다
Le fait d'avoir refusé sa demande me pèse.
르 페 다부아르 르퓌제 싸 드멍드 므 뻬즈

끈질기게 부탁해서
à force d'importunité
아 포르쓰 뎅뽀르뛰니떼

긴한 부탁이 있어 왔습니다
Je suis venu(e) parce que j'avais une demande capitale à vous faire.
즈 쒸이 브뉘 빠르쓰 끄 자베 원 드멍드 꺄삐딸 아 부 페르

긴한 부탁이 있어 왔습니다
Je suis venu(e) pour une affaire importante
즈 쒸이 브뉘 뿌르 위나페르 엥뽀르떵뜨

긴히 부탁할 일이 있어서 왔습니다
Je viens vous faire une demande pressante.
즈 비엥 부 페르 윈 드멍드 프레썽뜨

나는 가족에게 돈을 보내달라고 편지로 부탁했다
J'ai écrit à ma famille de m'envoyer de l'argent.
제 에크리 아 마 파미유 드 멍부아예 드 라르정

나는 그 사람에게 그 여자를 소개해 달라는 부탁을 받았다
Il m'a demandé de lui présenter la jeune fille en question.
일 마 드멍데 드 뤼이 프레정떼 라 죈 피유 엉 께스띠옹

나는 그 사람이 내 부탁을 들어주지 않아서 마음이 상했다
Son refus à ma demande m'a désobligé(e).
쏭 르퓌 아 마 드멍드 마 데조블리제

나는 그의 부탁을 단호하게 거절할 수가 없었다
Je n'ai pu refuser catégoriquement sa demande.
즈 네 쀠 르퓌제 까떼고리끄멍 싸 드멍드

나는 그 친구에게 부탁을 했다
J'ai demandé à cet ami de me rendre service.
제 드멍데 아 쎄따미 드 므 렁드르 쎄르비쓰

나는 아내의 부탁으로 장을 봤다
J'ai fait les courses à la demande de ma femme.
제 페 레 꾸르쓰 알라 드멍드 드 마 팜므

나를 위해 중재해달라고 그에게 간곡히 부탁했다
Je l'ai sollicité d'intervenir en ma faveur.
즈 레 쏠리씨떼 뎅떼르브니르 엉 마 파뵈르

내 계좌로 입금을 부탁했다
J'ai demandé un versement sur mon compte.
제 드멍데 엥 베르쓰멍 쒸르 몽 꽁뜨

나 지금 서점에 가는데 뭐 부탁할 것 없니?
Je vais dans une librairie maintenant. Tu n'as pas besoin d'un livre par hasard?
즈 베 덩쥔 리브레리 멩뜨넝 뛰 나 빠 브주엥 뎅 리브르 빠르 아자르

내가 그 부탁을 들어주리라고 생각하는 모양인데, 꿈 깨라
Si tu penses que je vais accepter ta demande, tu peux toujours rêver !
씨 뛰 뻥스 끄 즈 베 악셉떼 따 드멍드 뛰 쀠 뚜즈르 레베

내 부탁에 그 친구는 난처한 표정을 지었다
Il s'est montré embarrassé à ma demande.
일 쎄 몽트레 엉바라쎄 아 마 드멍드

내 부탁에 대해서 그로부터 도무지 회답이 없다
Je n'ai obtenu aucune réponse à ma demande.
즈 네 옵뜨뉘 오뀐 레퐁쓰 아 마 드멍드

내 부탁을 꼭 들어달라곤 안 했어
Je ne t'ai pas dit de satisfaire absolument ma demande.
즈 느 떼 빠 디 드 싸띠스페르 압쏠뤼멍 마 드멍드

너는 내 형제나 다름없으니 어떤 부탁이라도 들어주마
Puisque tu es comme un frère pour moi je donnerai tout ce que tu me demanderas.
쀠이스끄 뛰 에 꺼멩 프레르 뿌르 무아 즈 도느레 뚜 쓰 끄 뛰 므 드멍드라

너에게 이런 부탁을 하자니 몹시 구차스럽다
Je suis très gêné(e) de te faire une telle demande.
즈 쒸이 트레 제네 드 뜨 페르 윈 뗄 드멍드

니콜에게 부탁하여 편지를 전할게
Je vais envoyer la lettre aux bons soins de Nicole.
즈 베정부아예 라 레트르 오 봉 쑤엥 드 니꼴

니콜을 위해 마음 써주시기를 간곡히 부탁합니다
Je sollicite votre bienveillante attention en faveur de Nicole.
즈 쏠리씨뜨 보트르 비엥베영뜨 아떵씨옹 엉 파뵈르 드 니꼴

다른 사람이 아닌 당신의 부탁이니까 받아들이겠습니다.
C'est bien parce que c'est vous qui le demandez et personne
d'autre.
쎄 비엥 빠르쓰 끄 쎄 부 끼 르 드멍데 에 뻬르썬 도트르

다름 아니라 제가 부탁드릴 것은...
Le service que je voudrais vous demander n'est rien d'autre
que ...
르 쎄르비쓰 끄 즈 부드레 부 드멍데 네 리엥 도트르 끄

독사진밖에 못 찍었으니 지나가는 사람한테 우리 둘 사진 좀 찍어달라고 부탁
해보자
On n'a que des photos individuelles, demandons à un passant
de nous prendre tous les deux en photo.
옹 나 끄 데 포또 엥디비뒤엘 드멍동 아 엥 빠썽 드 누 프렁드르 뚤레되 엉 포또

뒤피이 씨께 강연을 부탁하고 싶습니다
Je voudrais demander à M. Dupuis de faire une conférence
즈 부드레 드멍데 아 므씨유 뒤뿨이 드 페르 윈 꽁페렁쓰

뒤뿨이 씨에게 중재를 부탁하다
demander à M. Dupuis d'intervenir
드멍데 아 므씨유 뒤뿨이 뎅떼르브니르

들어 드려야지요, 누구의 부탁이시라고요
Entendu, comment oserais-je refuser un service à une telle
personne?
엉떵뒤 꼬멍 오즈레 즈 르퓌제 엥 쎄르비쓰 아 윈 뗄 뻬르썬

마리에게 사회를 봐줄 것을 부탁했어.
J'ai demandé à Marie de présider la cérémonie.
제 드멍데 아 마리 드 프레지데 라 쎄레모니

많은 지도편달을 부탁드립니다
Je vous prie de ne pas épargner vos conseils et vos
encouragements.
즈 부 프리 드 느 빠제빠르녜 보 꽁쎄유 에 보정꾸라즈멍

몰염치한 부탁
une demande sans gêne
윈 드멍드 썽 젠

몰인정하게 부탁을 거절하다
refuser froidement un service
르퓌제 프루아드멍 엥 쎄르비쓰

무리한 부탁을 하다
demander l'impossible
드멍데 렝뽀씨블르

뭘 좀 부탁드려도 될까요?
Puis-je vous demander un petit service?
쀠이 즈 부 드멍데 엥 쁘띠 쎄르비쓰

미셸에게 행사 사회를 봐달라고 했어
J'ai demandé à Michel d'animer la cérémonie.
제 드멍데 아 미셸 다니메 라 쎄레모니

부끄러움을 무릅쓰고 부탁을 하다
demander une faveur malgré sa honte
드멍데 윈 파뵈르 말그레 싸 옹뜨

부디 저와 동행하여여 주시기 바랍니다
Je vous prie de bien vouloir de m'accompagner.
즈 부 프리 드 비엥 불루아르 드 마꽁빠녜

부탁에 귀를 기울이지 않다
demeurer insensible aux prières
르뫼레 엥성씨블 오 프리에르

부탁은 무슨, 말도 꺼내지 못했네
Je n'ai pas pu lui demander quoi que ce soit, tu parles! Je n'ai
même pas osé évoquer le sujet.
즈 네 빠 쀠 뤼이 드멍데 꾸아 끄 쓰 쑤아 뛰 빠를르 즈 네 멤 빠 오제 에보께 르
쒸제

부탁을 너그럽게 들어주다
accepter généreusement les demandes d'autrui.
악쎕떼 제네뢰즈멍 레 드멍드 도트뤼이

부탁을 들어주다
agréer une demande
아그레에 윈 드멍드

부탁을 매정하게 거절하다
refuser froidement de rendre un service
르퓌제 프루아드멍 드 렁드르 엥 쎄르비쓰

부탁을 저버리다
refuser une demande
르퓌제 윈 드멍드

부탁이 하나 있습니다
J'ai une faveur à vous demander.
제 윈 파뵈르 아 부 드멍데

부탁 좀 드려도 될까요?
Pourriez-vous me rendre un service?
뿌리에 부 므 렁드르 엥 쎄브리쓰

부탁 편지
lettre de sollicitation
레트르 드 쏠리씨따씨옹

부탁하신 일은 내일이면 될 겁니다
Ce que vous m'avez demandé sera fait demain.
쓰 끄 부 마베 드멍데 쓰라 페 드멩

선뜻 친구의 부탁을 들어주다
accepter volontiers la demande d'un ami
악쎕떼 볼롱띠에 라 드멍드 데나미

선처를 부탁하다
solliciter une faveur
쏠리씨떼 윈 파뵈르

설명을 부탁하다
demander une explication
드멍데 위넥쓰쁠리까씨옹

송구스럽지만 부탁이 하나 있습니다
Je suis confus(e) de vous faire cette demande.
즈 쒸이 꽁퓌 드 부 페르 쎄뜨 드멍드

싫지만 억지로 그 사람의 부탁을 들어주었다
J'ai accepté sa demande par contrainte bien qu'elle me déplaise.
제 악쎕떼 싸 드멍드 빠르 꽁트렝뜨 비엥 껠 므 데쁠레즈

아는 사람에게 취직을 부탁하다
demander à une personne qu'on connaît d'aider à trouver un travail.
드멍데 아 윈 뻬르썬 꽁 꼬네 데데 아 트루베 엥 트라바유

아는 사람의 부탁을 거절하다
refuser la requête d'une personne que l'on connaît.
르퓌제 라 르께뜨 뒨 뻬르썬 끄 롱 꼬네

아무아무에게 부탁해라
Demande à un tel.
드멍드 아 엥 뗄

아이들을 이웃에게 부탁하고 외출하다
confier ses enfants au voisin avant de sortir.
꽁피에 쎄정펑 오 부아젱 아벙 드 쏘르띠르

아파트를 팔기 위해 부동산 중개업소에 부탁하다
recourir à une agence pour vendre un appartement
르꾸리르 아 위나정쓰 뿌르 벙드르 에나빠르뜨멍

안에게 회의 사회를 봐달라고 부탁하고 싶어
Je voudrais confier à Anne la présidence de la réunion.
즈 부드레 꽁피에 아 안 라 프레지덩쓰 들라 레위니옹

어려운 부탁이 들어왔는데 어떻게 해야 할지 모르겠다
On m'a fait une demande difficile à laquelle je ne sais comment accéder.
옹 마 페 윈 드멍드 디피씰 알라껠 즈 느 쎄 꼬멍 악쎄데

어쩐지 네가 날 칭찬하더니 그걸 부탁하려고 그랬군
Ah j'ai compris! Si, soudainement tu me fais ce compliment, c'est parce que tu as quelque chose à me demander.
아 제 꽁프리 씨 쑤덴멍 뛰 므 페 쓰 꽁쁠리멍 쎄 빠르쓰 끄 뛰 아 껠끄 쇼즈 아 므 드멍데

염치 없는 부탁인 줄 압니다만…
Je suis conscient(e) de la démesure du service que je sollicite de votre part...
즈 쒸이 꽁씨엉(뜨) 들라 데므쥐르 뒤 쎄르비쓰 끄 즈 쏠리씨뜨 드 보트르 빠르

옆 사람에게 창문을 닫아 줄 것을 정중하게 부탁하다
demander poliment à son voisin de fermer la fenêtre.
드멍데 뽈리멍 아 쏭 부아젱 드 페르메 라 프네트르

왕진 좀 부탁드릴 수 있을까요?
Est-ce que je peux vous demander de faire votre consultation à domicile?
에스끄 즈 쁴 부 드멍데 드 페르 보트르 꽁쓀따씨옹 아 도미씰

왕진 좀 부탁드릴 수 있을까요?
Pourriez-vous venir chez moi pour une consultation médicale?
뿌리에 부 브니르 셰 무아 뿌르 윈 꽁쓀따씨옹 메디꺌

요청에 응하다
répondre favorablement à une demande.
레뽕드르 파보라블르멍 아 윈 드멍드

우리 방침에 어긋나기 때문에 부탁을 들어드릴 수 없습니다
Nous ne pouvons pas satisfaire votre demande, parce que c'est contraire à nos principes.
누 느 뿌봉 빠 싸띠스페르 보트르 드멍드 빠르쓰 끄 쎄 꽁트레르 아 노 프렝씨쁘

우리 우정을 빌어 감히 부탁 합니다
Je m'autorise de notre amitié pour te demander un service.
즈 모또리즈 드 노트르 아미띠에 뿌르 뜨 드멍데 엥 쎄르비쓰

유력인사에게 중재를 부탁하다
demander à un personnage influent d'intervenir
드멍데 아 엥 뻬르쏘나즈 엥플뤼엉 뎅떼르브니르

의사에게 와달라고 부탁하다
prier le médecin de venir
프리에 르 메드쎙 드 브니르

이 서류 복사 부탁해요
Faites-moi une photocopie de ce document, s'il vous plaît.
페뜨 무아 윈 포또꼬삐 드 쓰 도뀌멍 씰 부 쁠레

이 서류 복사 부탁해요
J'aimerais une photocopie de ce document, s'il vous plaît.
제므레 윈 포또꼬삐 드 쓰 도뀌멍 씰 부 쁠레

이토록 부탁하는 데도 안 도와주는구나
J'ai beau te le demander, tu refuses encore de m'aider.
제 보 뜨 르 드멍데 뛰 르퓌즈 엉꼬르 드 메데

일전에 제가 요청해드린 일 어떻게 됐습니까?
Où en êtes-vous du travail que je vous avais demandé de faire
l'autre jour?
우 어네뜨 부 뒤 트라바유 끄 즈 부자베 드멍데 드 페르 로트르 주르

잘 하셨겠지만 다시 한 번 더 확인 부탁드립니다
Je pense que vous avez bien fait, toutefois, veuillez vérifier
encore une fois, s'il vous plaît!
즈 뻥쓰 끄 부자베 비엥 페 뚜뜨푸아 뵈예 베리피에 엉꼬르 윈 푸아 씰 부 쁠레

장에게 임무를 부탁하다
confier une mission à Jean
꽁피에 윈 미씨옹 아 정

저희들의 방침에 어긋나기 때문에 부탁을 들어드릴 수 없습니다
Il n'est pas dans nos principes de satisfaire votre demande.
일 네 빠 덩 노 프렝씨쁘 드 싸띠스페르 보트르 드멍드

정부지원을 요청하다
demander le soutien du gouvernement
드멍데 르 쑤띠엥 뒤 구베른느멍

제발 소원이니 제 부탁을 한 번만 들어주세요
Je vous en prie, pour la dernière fois, acceptez ma requête s'il vous plaît.
즈 부정 프리 뿌르 라 데르니에르 푸아 악쎕떼 마 르께뜨 씰 부 쁠레

조용히 해줄 것을 부탁하다
réclamer le silence
레끌라메 르 씰렁쓰

직접 만나서 부탁하는 것과 전화로 부탁하는 것은 천양지차이다
Entre demander directement de vive voix et le faire par téléphone, c'est le jour et la nuit.
엉트르 드멍데 디렉뜨멍 드 비브 부아 에 르 페르 빠르 뗄레폰느 쎄 르 주르 에 라 뉘이

차관님께 장관님 축사의 대독을 부탁드리겠습니다
Je vais demander au vice-ministre de lire le discours de félicitations au nom du ministre.
즈 베 드멍데 오 비쓰 미니스트르 드 리르 르 디스꾸르 드 펠리씨따씨옹 오 농 뒤 미니스트르

참석해주신 분들께 감사드리며 아울러 한 가지 부탁드리겠습니다
Tout en vous remerciant d'être présents ici, je voudrais encore vous demander une autre faveur.
뚜떵 부 르메르씨엉 데트르 프레정 이씨 즈 부드레 엉꼬르 부 드멍데 위노트르 파뵈르

청컨대 제 부탁 좀 들어주세요
Je vous prie d'accepter ma demande.
즈 부 프리 닥쎕떼 마 드멍드

취직을 부탁하다
solliciter un emploi
쏠리씨떼 에넝쁠루아

치사해서 더 이상 그 사람에게 부탁하고 싶지 않다
Il serait trop déshonorant pour moi de lui demander une faveur.
일 쓰레 트로 데조노렁 뿌르 무아 드 뤼이 드멍데 윈 파뵈르

친구에게 도움을 부탁하다
demander de l'aide à un ami
드멍데 들레드 아 에나미

친구에게 부탁받은 일을 깜박 잊어버리다
oublier la demande d'un ami
우블리에 라 드멍드 데나미

친구의 부탁을 거절하는 걸 보니 양심도 없다
Il faut être sans scrupule pour refuser d'aider un ami.
일 포 에트르 썽 스쿠뤼쀨 뿌르 르퓌제 데데 에나미

친구의 부탁을 들어주다
accepter la demande d'un(e) ami(e)
악쎕떼 라 드멍드 데나미(뒤나미)

친구의 부탁을 들은 척 만척하다
rester sourd aux prières d'une amie
레스떼 쑤르 오 프리에르 뒤나미

친구의 부탁을 차마 거절하지 못하다
ne pas pouvoir refuser la demande d'une amie
느 빠 뿌부아르 르퓌제 라 드멍드 뒤나미

텔레비전 프로그램의 후원을 광고주에게 부탁하다
s'adresser à un annonceur pour parrainer une émission de télévision
싸드레쎄 아 엥 아농쐬르 뿌르 빠레네 위네미씨옹 드 뗄레비지옹

토마에게 시내까지 태워다 달라고 할게
Je vais demander à Thomas de me déposer en ville.
즈 베 드멍데 아 또마 드 므 데뽀제 엉 빌

폴에게 회의 사회를 봐달라고 할게
Je vais demander à Paul de présider la réunion.
즈 베 드멍데 아 뽈 드 프레지데 라 레위니옹

할아버지께 손자의 작명을 부탁하다
demander au grand-père de donner un prénom à son petit fils
드멍데 오 그렁뻬르 드 도네 엥 프레농 아 쏭 쁘띠 피쓰

협조해 달라는 그 회사 사장의 부탁이 있었다
Le président de cette compagnie a fait une demande pour solliciter de l'aide.
르 프레지덩 드 쎄뜨 꽁빠니 아 페 윈 드멍드 뿌르 쏠리씨떼 들레드

감사
À Remerciement

 **감사** Remerciement

감사합니다.
Merci.
메르씨

대단히 감사합니다.
Je vous remercie.
즈 부 르메르씨

대단히 감사합니다.
Merci infiniment.
메르씨 엥피니멍

도와주셔서 감사합니다.
Je vous remerice de votre aide.
즈 부 르메르씨 드 보트레드

도와 주셔서 감사합니다.
Merci de m'avoir aidé(e).
메르씨 드 마부아레데

지원 감사합니다.
Je vous remercie de votre soutien.
즈 부 르메르씨 드 보트르 쑤띠엥

수고해주셔서 감사합니다.
Je vous remercie de vous être donné tant de peine.
즈 부 르메르씨 드 부제트르 도네 떵 드 뻰

이 기회를 주셔서 감사합니다.
Je vous remercie de m'avoir donné cette opportunité.
즈 부 르메르씨 드 마부아르 도네 쎄또뽀르뛰니떼

충고해주셔서 감사합니다.
Je vous remercie de votre conseil.
즈 부 르메르씨 드 보트르 꽁쎄유

저를 맞아주셔서 감사합니다.
Je vous remercie de me recevoir.
즈 부 르메르씨 드 므 르쓰부아르

매우 친절하시군요.
Vous êtes très gentil.
부젯 트레 정띠

 **답변** Réponses

천만에요.
Je vous en prie.
즈 부정 프리

천만에요.
De rien.
드 리엥

천만에요.
Il n'y a pas de quoi.
일 니야 빠 드 꾸아

아무 것도 아니에요
Ce n'est rien.
쓰 네 리엥

 **표현** Expressions

각별한 배려에 감사드립니다
Je vous suis obligé de votre attention.
즈 부 쒸조블리제 드 보트르 아떵씨옹

감사기도
action de grâce(s)
악씨옹 드 그라쓰

감사로 가득찬
pénétré de reconnaissance
뻬네트레 드 르꼬네썽쓰

감사의 눈물을 흘리다
pleurer de reconnaissance
쁠뢰레 드 르꼬네썽쓰

감사의 뜻을 표명하는 바입니다
Je vous témoigne ma gratitude.
즈 부 떼무아뉴 마 그라띠뛰드

감사의 말 한 마디도 없이 떠나는 것은 점잖지 못하다
Il n'est pas séant de quitter sans un mot de remerciement.
일 네 빠 쎄엉 드 끼떼 썽젱 모 드 르메르씨멍

감사의 인사
message de remerciements
메싸즈 드 르메르씨멍

감사의 표시로
en guise de remerciement
엉 기즈 드 르메르씨멍

감사의 표시로
en témoignage de sa gratitude
엉 떼무아냐즈 드 싸 그라띠뛰드

감사의 표시로 나는 그에게 책을 주었다
À titre de remerciements, je lui ai offert un livre.
아 띠트르 드 르메르씨멍 즈 뤼에 오페르 엥 리브르

감사하는 마음으로
avec reconnaissance
아베끄 르꼬네썽쓰

감사하는 마음으로 음식을 들다
manger un bon plat avec recueillement
멍제 엥 봉 쁠라 아베끄 르꾀유멍

감사하다는 말조차 안 하십니까?
On ne dit même pas merci?
옹 느 디 멤 빠 메르씨

감사해 마지않습니다
Je ne saurais trop vous remercier.
즈 느 쏘레 트로 부 르메르씨에

거듭 감사의 말씀을 드립니다
Je vous renouvelle mes remerciements.
즈 부 르누벨르 메 르메르씨멍

경청해주셔서 감사합니다
Je vous remercie d'avoir bien voulu m'écouter.
즈 부 르메르씨 다부아르 비엥 불뤼 메꾸떼

고마워
Je te remercie.
즈 뜨 르메르씨

교수님께 감사를 드리다
présenter ses remerciements au professeur.
프레정떼 쎄 르메르씨멍 오 프로페쐬르

귀한 시간을 내주셔서 감사합니다
Je vous remercie de m'avoir accordé de votre précieux temps.
즈 부 르메르씨 드 마부아르 아꼬르데 드 보트르 프레씨유 떵

그는 그 사람에게 머리를 숙여 감사했다
Il l'a remercié en s'inclinant.
일 라 르메르씨에 엉 쎙끌리넝

그는 내게 고맙다고 했다
Il m'a remercié.
일 마 르메르씨에

그는 도움을 준 친구에 감사의 말을 했다
Il a remercié un ami qui a rendu service.
일라 르메르씨에 엥 아미 끼 아 렁뒤 쎄르비쓰

그저 감사의 말씀을 드릴뿐입니다
Il ne me reste plus qu'à vous remercier.
일 느 므 레스뜨 쁠뤼 까 부 르메르씨에

그저 감사할 따름입니다
Je vous remercie infiniment.
즈 부 르메르씨 엥피니멍

끝까지 경청해 주셔서 감사합니다
Merci de nous avoir écouté(e)s jusqu'au bout.
메르씨 드 누자부아르 에꾸떼 쥐스꼬 부

나는 감사패를 받았다
J'ai reçu une plaque de remerciements
제 르쒸 윈 쁠라끄 드 르메르씨멍

나는 감사하는 마음으로 가득하다
Je suis plein(e) de reconnaissance.
즈 쒸이 쁠렝(렌) 드 르꼬네썽쓰

나는 그에게 감사패를 수여했다
Je lui ai donné une plaque de remerciements.
즈 뤼이 에 도네 윈 쁠라끄 드 르메르씨멍

나는 그에게 감사하다고 말했다
Je lui ai dit merci.
즈 뤼이 에 디 메르씨

나는 뒤퓌이 씨께 감사드렸다
J'ai présenté mes remerciements à M. Dupuis.
제 프레정떼 메 르메르씨멍 아 므씨유 뒤뿨이

나는 어머니께 감사한다
J'ai de la gratitude pour ma mère.
제 들라 그라띠뛰드 뿌르 마 메르

늦게 온 것을 이해해주셔서 감사합니다
Je vous remercie d'avoir bien voulu excuser mon retard.
즈 부 르메르씨 다부아르 비엥 불뤼 엑쓰뀌제 몽 르따르

당신에게 진심으로 감사를 드려야겠습니다
Je vous dois un grand merci.
즈 부 두아 엥 그렁 메르씨

대단히 감사합니다
Je vous remercie beaucoup.
즈 부 르메르씨 보꾸

대단히 감사합니다
Merci beaucoup
메르씨 보꾸

대단히 감사합니다
Merci bien.
메르씨 비엥

대단히 감사합니다
Merci infiniment.
메르씨 엥피니멍

대단히 감사합니다
Mille mercis
밀 메르씨

도와주셔서 감사합니다
Vous êtes bien bon de m'avoir aidé.
부젯 비엥 봉 드 마부아르 에데

도와주신데 대한 감사의 표시로 작은 선물을 준비했습니다
J'ai préparé un petit cadeau en reconnaissance de votre soutien.
제 프레빠레 엥 쁘띠 꺄도 엉 르꼬네썽쓰 드 보트르 쑤띠엥

도움을 받았으면 감사할 줄 알아야 한다
Il faut savoir estimer un service rendu.
일 포 씨부아르 에쓰띠메 엥 쎄드비쓰 렁뒤

도움을 준 것에 대해 감사하다
remercier de lui avoir apporté de l'aide
르메르씨에 드 뤼이 아부아르 아뽀르떼 들레드

뒤늦게나마 감사드립니다
Bien que ce soit un peu tard, je vous exprime tous mes
remerciements.
비엥 끄 쓰 쑤아 엥 쁴 따르 즈 부젝쓰프림므 뚜 메 르메르씨멍

르프티 씨께서 베풀어주신 호의에 대해 감사의 뜻을 표합니다
Je suis reconnaissant à M. Lepetit d'un bienfait
즈 쒸이 르꼬네썽 아 므씨유 르쁘띠 뎅 비엥페

몸도 불편하신데 수고로이 직접 와주셔서 감사합니다
Je vous remercie de vous être donné la peine d'être venu(e)
malgré votre état de santé fragile.
즈 부 르메르씨 드 부제트르 도네 라 뻰 데트르 브뉘 말그레 보트르 에따 드 썽
떼 프라질

뭐라고 감사의 말씀을 드려야 할지 모르겠습니다
Je ne sais comment vous remercier.
즈 느 쎄 꼬멍 부 르메르씨에

뭐라고 감사의 말씀을 드려야 할지 모르겠습니다
Je ne sais pas comment vous exprimer ma reconnaissance.
즈 느 쎄 빠 꼬멍 부젝쓰프리메 마 르꼬네썽쓰

미리 감사드립니다
Merci d'avance.
메르씨 다벙쓰

미리 감사를 드리며
Avec mes remerciements anticipés.
아베끄 메 르메르씨멍 엉띠씨뻬

바쁘신 와중에도 이렇게 와주셔서 감사합니다
Je tiens à vous remercier d'être venu(e) malgré toutes vos occupations.
즈 띠엥 아 부 르메르씨에 데트르 브뉘 말그레 뚜뜨 보조뀌빠씨옹

바쁘신 일정에도 이렇게 와주셔서 감사합니다
Merci d'être venu(e) malgré un emploi du temps très chargé.
메르씨 데트르 브뉘 말그레 엥 엉쁠루아 뒤 떵 트레 샤르제

바쁘신 와중에도 이렇게 자리해주신 여러분께 감사 드립니다
Je vous remercie d'être venus malgré vos occupations.
즈 부 르메르씨 데트르 브뉘 말그레 보조뀌빠씨옹

바쁘신 와중에도 이 자리에 와주셔서 감사합니다
Je vous remercie d'avoir pris le temps de venir jusqu'à nous malgré votre emploi du temps surchargé.
즈 부 르메르씨 다부아르 프리 르 떵 드 브니르 쥐스까 누 말그레 보트르 엉쁠루아 뒤 떵 쒸르샤르제

범사에 감사하라
Remercie en toute occasion.
르메르씨 엉 뚜또까지옹

베풀어주신 모든 친절에 대해 감사드립니다
Je vous remercie de toutes les gentillesses que vous avez eues pour moi.
즈 부 르메르씨 드 뚜들레 정띠에쓰 끄 부자베 위 뿌르 무아

별 것도 아닌 걸요.
C'est la moindre des choses
쎄 라 무엥드르 데 쇼즈

별것 아니지만 감사의 표시로 이것을 받아주십시오
Acceptez ce modeste témoignage de ma reconnaissance.
악쎕떼 쓰 모데스뜨 떼무아냐즈 드 마 르꼬네썽쓰

보잘 것 없는 제 글을 읽어주서서 감사합니다
Je vous remercie d'avoir pris la peine de lire mon médiocre texte.
즈 부 르메르씨 다부아르 프리 라 뻰 드 리르 몽 메디오크르 떽쓰뜨

보잘 것 없는 제 목숨을 살려주셔서 감사합니다
Je vous remercie d'avoir sauvé mon humble vie.
즈 부 르메르씨 다부아르 쏘베 모넹블르 비

부족하지만 감사의 뜻으로 받아주십시오
C'est très modeste, mais veuillez accepter cela en guise de remerciement.
쎄 트레 모데쓰뜨 메 뵈이예 악쎕떼 쓸라 엉 기즈 드 르메르씨멍

사려 깊은 배려에 감사드립니다
Je vous remercie d'être plein(e) de prévenance et d'égards.
즈 부 르메르씨 데트르 쁠렝(렌) 드 프레브넝쓰 에 데갸르

선물을 받은 데 대해 감사를 표하다
remercier d'un cadeau
르메르씨에 뎅 까도

선물을 주셔서 감사합니다
Je vous remercie pour votre cadeau.
즈 부 르메르씨 뿌르 보트르 까도

선물을 주셔서 감사합니다
Merci de votre cadeau.
메르씨 드 보트르 까도

선물을 주셔서 대단히 감사합니다
Je vous remercie vivement pour votre cadeau.
즈 부 르메르씨 비브멍 뿌르 보트르 까도

성의에 대해 감사드립니다
Je vous remercie de votre cordialité.
즈 부 르메르씨 드 보트르 꼬르디알리떼

심심한 감사의 뜻을 표합니다
Je tiens à vous manifester toute ma gratitude.
즈 띠엥 아 부 마니페스떼 뚜뜨 마 그라띠뛰드

어떻게 감사의 말을 전해야 할지 모르겠습니다
Comment vous prouver ma reconnaissance?
꼬멍 부 프루베 마 르꼬네썽쓰

우리에게 협조해주신 데 대해 깊이 감사드립니다
Nous vous avons une grande obligation de nous avoir accordé
votre concours.
누 부자봉 윈 그렁드 오블리가씨옹 드 누자부아르 아꼬르데 보트르 꽁꾸르

여러 가지로 감사합니다
Merci pour tout.
메르씨 뿌르 뚜

여러 가지 일로 바쁘실 텐데 와주셔서 감사합니다
Je vous remercie d'être venu(e) malgré vos multiples occupations.
즈 부 르메르씨 데트르 브뉘 말그레 보 뮐띠쁠조뀌빠씨옹

여러모로 바쁘실 텐데 찾아주셔서 감사합니다
Je vous remercie d'être venus malgré vos diverses occupations.
즈 부 르메르시 데트르 브뉘 말그레 보 디베르쓰조뀌빠씨옹

와주셔서 감사합니다
Je vous remercie d'être venu.
즈 부 르메르씨 데트르 브뉘

와주셔서 감사합니다
Merci d'être venu.
메르씨 데트르 브뉘

와주셔서 대단히 감사합니다
Vous êtes bien aimable d'être venu.
부젯 비에네마블 데트르 브뉘

우리는 그에게 감사해야 한다
Il mérite notre reconnaissance.
일 메리뜨 노트르 르꼬네썽쓰

우리는 선생님에 대한 감사의 표현으로 선물을 준비했다
Nous avons préparé un cadeau en témoignage de notre
reconnaissance pour notre professeur.
누자봉 프레빠레 엥 꺄도 엉 떼무아냐즈 드 노트르 르꼬네썽쓰 뿌르 노트르 프
로페쐬르

우리 잡지에 기고해주셔서 감사합니다
Merci d'avoir fait paraître votre manuscrit dans notre revue.
메르씨 다부아르 페 파레트르 보트르 마뉘스크리 덩 노트르 르뷔

이 기회를 빌어 당신께 감사드립니다
Je profite de l'occasion pour vous remercier.
즈 프로피뜨 드 로꺄지옹 뿌르 부 르메르씨에

이런 자리를 마련해주신 여러분께 감사드립니다
Je vous remercie de m'avoir offert cette occasion.
즈 부 르메르씨 드 마부아르 오페르 쎄또꺄지옹

이렇게 마음 써주셔서 감사합니다
Je vous remercie de vous en occuper avec un si grand soin.
즈 부 르메르씨 드 부저노뀌뻬 아베껭 씨 그렁 쑤엥

이렇게 많이 와주셔서 감사합니다
Je vous remercie d'être venus si nombreux.
즈 부 르메르씨 데트르 브뉘 씨 농브뢰

이렇게 아량을 베풀어주신 선생님께 다시 한 번 감사드립니다
Je vous remercie encore d'avoir été si généreux envers moi.
즈 부 르메르씨 엉꼬르 다부아레떼 씨 제네뢰 엉베르 무아

이렇게 저에게 시간을 할애해주시니 감사합니다
Je vous remercie de m'accorder votre temps.
즈 부 르메르씨 드 마꼬르데 보트르 떵

이번 일에 대해 감사드립니다
Je suis votre obligé dans cette affaire.
즈 쒸이 보트르 오블리제 덩 쎄따페르

이 자리를 빌어 감사 인사를 드립니다
Je profite de cette occasion pour vous remercier.
즈 프로피뜨 드 쎄또까지옹 뿌르 부 르메르씨에

이 자리에 참석해주신 내외귀빈께 진심으로 감사드립니다
Je voudrais remercier de tout cœur tous les invités ici présents.
즈 부드레 르메르씨에 드 뚜 꾀르 뚤레젱비떼 이씨 프레정

이 회의에서 자리를 빛내주셔서 감사합니다
Je vous remercie d'avoir bien voulu nous honorer de votre
présence à cette réunion.
즈 부 르메르씨 다부아르 비엥 불뤼 누조노레 드 보트르 프레정쓰 아 쎄뜨 레위
니옹

장관님께 감사의 뜻을 표하는 바입니다
Je tiens à présenter mes remerciements au ministre.
즈 띠엥 아 프레정떼 메 르메르씨멍 오 미니스트르

장시간 경청해주신 여러분께 감사드립니다
Je vous remercie de m'avoir écouté(e) si longtemps.
즈 부 르메르씨 드 마부아르 에꾸떼 씨 롱떵

저를 도와주신 데 대해 감사드립니다
Je vous suis très reconnaissant(e) de m'avoir aidée.
즈 부 쒸이 트레 르꼬네썽(뜨) 드 마부아르 에데

저를 전혀 모르시는데도 믿어주셔서 감사합니다
Je vous remercie de m'avoir cru(e) alors que vous ne me
connaissez pas du tout.
즈 부 르메르씨 드 마부아르 크뤼 알로르 끄 부 느 므 꼬네쎄 빠 뒤 뚜

정말로 감사합니다
Je vous remercie vraiment.
즈 부 르메르씨 브레멍

정말로 감사합니다
Merci mille fois.
메르씨 밀 푸아

제게 베풀어주신 은혜에 감사드립니다
Merci pour vos bienfaits !
메르씨 뿌르 보 비엥페

제게 친절을 베풀어주셔서 감사합니다
Je vous remercie des gentillesses que vous avez eues pour moi.
즈 부 르메르씨 데 정띠예쓰 끄 부자베 위 뿌르 무아

제 잘못을 이해해주셔서 감사합니다
Je vous remercie d'avoir bien voulu excuser ma faute.
즈 부 르메르씨 다부아르 비엥 불뤼 엑쓰뀌제 마 포뜨

진심에서 우러나온 감사
des remerciements sincères
데 르메르씨멍 쎙쎄르

진심으로 감사드립니다
Je vous remercie avec effusion
즈 부 르메르씨 아베끄 에쀠지옹

진심으로 감사드립니다
Je vous remercie du fond du cœur.
즈 부 르메르씨 뒤 퐁 뒤 꾀르

진심으로 감사를 드리며
avec tous mes remerciements
아베끄 뚜 메 르메르씨멍

짐승들도 감사할 줄 안다
Les bêtes elles-mêmes ont de la reconnaissance.
레 베뜨 엘멤 옹 들라 르꼬네썽쓰

천만에요
De rien.
드 리엥

천만에요
Il n'y a pas de quoi.
일 니야 빠드 꾸아

천만에요
Je vous en prie.
즈 부정 프리

충고말씀 해주셔서 감사합니다
Je vous remercie de vos bons conseils.
즈 부 르메르씨 드 보 봉 꽁쎄유

충고해주셔서 감사합니다
Je vous remercie de vos conseils.
즈 부 르메르씨 드 보 꽁쎄유

친절을 베풀어주셔서 감사합니다
Je vous suis obligé de vos bontés.
즈 부 쒸이조블리제 드 보 봉떼

친절을 베풀어주셔서 감사합니다
Merci de vos bontés que vous avez eues pour moi.
메르씨 드 보 봉떼 끄 부자베 위 뿌르 무아

친절하게도 우리를 보러 와주셔서 정말로 감사합니다
C'est tellement aimable à vous d'être venus nous voir.
쎄 뗄멍 에마블 아 부 데트르 브뉘 누 부아르

친절한 환대에 감사드립니다
Merci de votre aimable hospitalité.
메르씨 드 보트르 에마블 오스삐딸리떼

크나큰 아량을 베풀어주셔서 다시 한 번 감사드립니다
Je vous remercie encore une fois d'avoir eu une si grande
générosité envers moi.
즈 부 르메르씨 엉꼬르 윈 푸아 다부아르 위 윈 씨 그렁드 제네로지떼 엉베르 무아

토마의 수고에 대해 고맙게 생각해
Je remercie Thomas de s'être donné tant de peine.
즈 르메르씨 또마 드 쎄트르 도네 떵 드 뻰

하나님에 대한 감사
reconnaissance envers Dieu
르꼬네썽쓰 엉베르 디유

하나님 은혜에 대해 감사드리다
rendre grâce à Dieu pour ses bienfaits.
렁드르 그라쓰 아 디유 뿌르 쎄 비엥페

협력해주셔서 감사합니다
Je vous remercie de votre collaboration.
즈 부 르메르씨 드 보트르 꼴라보라씨옹

Unité 7

사과
 Excuses

사과 Excuses

미안합니다.
Je suis désolé(e).
즈 쒸이 데졸레

죄송합니다.
Je regrette.
즈 르그레뜨

죄송합니다!
Pardon !
빠르동

죄송합니다.
Excusez-moi.
엑쓰뀌제 무아

정말 죄송합니다.
Je suis vraiment desolé.
즈 쒸이 브레멍 데졸레

내가 착각했어.
Je me suis trompé(e).
즈 므 쒸이 트롱뻬

내가 틀렸어.
J'ai tort.
제 또르

죄송해요. 실수예요.
Pardon, c'est une erreur.
빠르동 쎄뛴 에뢰르

내 잘못이야.
C'est ma faute.
쎄 마 포뜨

지각해서 죄송합니다.
Je suis désolé(e) d'être en retard.
즈 쒸이 데졸레 데트렁 르따르

늦어서 죄송합니다.
Excusez-moi d'être en retard.
엑쓰뀌제 무아 데트렁 르따르

부디 용서해주세요.
Pardonnez-moi, s'il vous plaît.
빠르도네 부아 씰 부 쁠레

 **답변** Réponses

괜찮습니다.
Ce n'est pas grave.
쓰 네 빠 그라브

괜찮습니다.
Ça ne fait rien.
싸 느 페 리엥

전혀 문제가 되지 않습니다.
Ça ne pose aucun problème.
싸 느 뽀즈 오껭 프로블렘

별 말씀을 다 하십니다.
Vous êtes tout excusé(e).
부젯 뚜떽쓰뀌제

당신 탓 아닙니다.
Ce n'est pas votre faute.
쓰 네 빠 보트르 포뜨

 **표현** Expressions

거듭 사과하다
faire encore des excuses
페르 엉꼬르 데젝쓰뀌즈

공개 사과를 요구하다
demander de présenter des excuses en public
드멍데 드 프레정떼 데젝쓰뀌즈 엉 쀠블리끄

공식적인 사과
présentation d'excuses en public
프레정따씨옹 덱쓰뀌즈 엉 쀠블리끄

그가 사과를 한다 할지라도 나는 그를 용서하지 않을테다
Même s'il s'excusait, je ne lui pardonnerais pas.
멤 씰 쎅쓰뀌제 즈 느 뤼이 빠르도느레 빠

그냥 미안하다면 다냐?
Tu crois que ça suffit de s'excuser ?
뛰 크루아 끄 싸 쒸피 드 쎅쓰뀌제

그는 미안하다는 말 한마디 없었다
Il n'a pas dit un seul mot d'excuses.
일 나 빠 디 엉 쐴 모 덱쓰뀌즈

그는 사과 전화 조차 하지 않았다
Il n'a même pas téléphoné pour s'excuser.
일 나 멤 빠 뗄레포네 뿌르 쎅쓰뀌제

그는 약속을 어긴데 대해 사과하는 의미로 나를 저녁식사에 초대했다
Il m'a invité au dîner pour se faire pardonner sa promesse ratée.
일 마 엥비떼 오 디네 뿌르 쓰 페르 빠르도네 싸 프로메쓰 라떼

그는 정중하게 사과했다
Il a fait ses excuses avec politesse
일라 페 쎄젝쓰뀌즈 아베끄 뽈리떼쓰

그는 토론에 빠진 것에 대해 사과했다
Il s'est excusé de son absence du débat.
일 쎄떽쓰뀌제 드 쏘납썽쓰 뒤 데바

그런 줄도 모르고 너에게 화를 내서 미안하구나
Je ne savais pas. Je suis désolé(e) de m'être emporté(e)
즈 느 싸베 빠 즈 쒸이 데졸레 드 메트르 엉뽀르떼

그런 줄도 모르고 너희들에게 화를 내서 미안하구나.
Je suis désolé(e) de m'être mis(e) en colère après vous sans savoir.
즈 쒸이 데졸레 드 메트르 미정 꼴레르 아프레 부 썽 싸부아르

그 사람에게 사과할 생각은 눈곱만큼도 없다
Je n'ai aucunement l'intention de lui présenter mes excuses.
즈 네 오뀐멍 렝떵씨옹 드 뤼이 프레정떼 메젝쓰뀌즈

그 사람은 나에게 잘못했다고 진심으로 사과했다
Il m'a présenté des excuses sincères.
일 마 프레정떼 데젝쓰뀌즈 쎙쎄르

그 사람은 나에게 잘못했다고 진심으로 사과했다
Il m'a présenté sincèrement ses excuses.
일 마 프레정떼 쎙쎄르멍 쎄젝쓰뀌즈

그 사람은 머리를 긁적이며 나에게 미안하다고 했다
Il s'est excusé en se grattant la tête.
일 쎄떽쓰뀌제 엉 쓰 그라떵 라 떼뜨

그 사람은 사과는 하지 않고 변명에만 급급하다
Il ne fait que plaidoyer sans s'excuser.
일 느 페 끄 쁠레두아예 썽 쎅쓰뀌제

그 사람의 사과를 받아라
Accepte ses excuses.
악쎕뜨 쎄젝쓰뀌즈

그 신문은 사과의 글을 게재했다
Le journal a fait paraître des excuses
르 주르날 아 페 빠레트르 데젝쓰뀌즈

그에게 사과해야 합니다
Vous lui devez des excuses.
부 뤼이 드베 데젝쓰뀌즈

그 여자는 내 사과를 받지 않았다
Elle n'a pas voulu accepter mes excuses.
엘 나 빠 불뤼 악쎕떼 메젝쓰뀌즈

그의 사과는 오히려 우리의 분노를 격화시켰을 뿐이다
Au contraire, ses excuses n'ont fait que redoubler notre colère.
오 꽁트레르 쎄젝쓰뀌즈 농 페 끄 르두블레 노트르 꼴레르

그의 사과에 나는 이내 마음이 풀렸다
Je ne suis plus fâché(e) parce qu'il m'a fait des excuses.
즈 느 쒸이 쁠뤼 파셰 빠르쓰 낄 마 페 데젝쓰뀌즈

기다리게 해서 미안합니다
Je regrette de vous avoir fait attendre.
즈 르그레뜨 드 부자부아르 페 아떵드르

나는 마리에게 사과했다
J'ai fait des excuses à Marie.
제 페 데젝쓰뀌즈 아 마리

내일 못 가게 되어 미안합니다
Je suis désolé(e) de ne pas pouvoir venir demain.
즈 쒸이 데졸레 드 느 빠 뿌브아르 브니르 드멩

네가 사과한다고 해서 너에게 당했던 일들이 상쇄되지는 않는다
Quand bien même tu t'excuserais, cela ne compenserait pas
les inconvénients que tu m'as causés.
껑 비엥 멤므 뛰 떽쓰뀌즈레 쓸라 느 꽁뻥쓰레 빠 레젱꽁베니엉 끄 뛰 마 꼬제

늦어서 미안합니다
Je suis désolé(e) d'être en retard.
즈 쒸이 데졸레 데트르 엉 르따르

대통령의 공식 사과를 요구하는 여론이 비등하고 있다
L'opinion publique, qui demande des excuses officielles du chef de l'État, est en ébullition.
로삐니옹 쀠블리끄 끼 드멍드 데젝쓰뀌즈 오피씨엘 뒤 셰프 들레따 에떠네뷜리씨옹

모처럼 초대해주셨는데 못 가게 되어 대단히 미안합니다
Je suis vraiment désolé(e) de ne (pas) pouvoir accepter votre aimable invitation.
즈 쒸이 브레멍 데졸레 드 느 (빠) 뿌부아르 악쎕떼 보트르 에마블 엥비따씨옹

무릎을 꿇고 사과하다
faire des excuses à genoux
페르 데젝쓰뀌즈 아 즈누

미안하지만 이제 그만 돌아갔으면 해
Je m'excuse, mais je te prie de rentrer chez toi maintenant.
즈 멕쓰뀌즈 메 즈 뜨 프리 드 렁트레 셰 뚜아 멩뜨넝

미안한 마음이 들다
se sentir désolé(e)
쓰 썽띠르 데졸레

미안합니다. 고의로 그런 것이 아닙니다
Pardon, je ne l'ai pas fait exprès.
빠르동 즈 늘레 빠 페 엑쓰프레

미안합니다. 저의 불찰입니다
Excusez-moi, j'ai confondu.
엑쓰뀌제 무아 제 꽁퐁뒤

미안해요(구어)
J'en suis au regret.
정 쒸이조 르그레

방해를 해서 미안합니다
Excusez-moi de vous déranger.
엑쓰뀌제 무아 드 부 데렁제

방해를 해서 미안합니다
Excusez-nous du dérangement.
엑쓰뀌제 누 뒤 데렁즈멍

별 것도 아닌데 너무 그렇게 미안해하지 마세요
Ne soyez pas tant désolé(e), ce n'est pas grave.
느 쑤아예 빠 떵 데졸레 쓰 네 빠 그라브

별 것도 아닌데 너무 그렇게 미안해하지 마세요
Ne soyez pas tant désolé(e) pour aussi peu.
느 쑤아예 빠 떵 데졸레 뿌르 오씨 쀠

사과는 당신이 해야 한다
C'est à vous de vous excuser.
쎄따부 드 부젝쓰뀌제

사과를 요구하다
exiger des excuses
에그지제 데젝쓰뀌즈

사과를 해도 시원찮을 판에 그 녀석은 오히려 화를 냈다
Ce type s'est mis en colère juste au moment où il devait
présenter ses excuses.
쓰 띠쁘 쎄 미정 꼴레르 쥐스또 오 모멍 우 일 드베 프레정떼 쎄젝쓰뀌즈

사과의 뜻을 밝히다
manifester l'intention de faire des excuses
마니페스떼 렝떵씨옹 드 페르 데젝쓰뀌즈

설령 그가 사과한다 해도 나는 용서할 수 없다
Même s'il me présentait ses excuses, je ne pourrais pas lui
pardonner.
멤 씰 므 프레정떼 쎄젝쓰뀌즈 즈 느 뿌레 빠 뤼이 빠르도네

시간을 빼앗아서 미안합니다
Je suis désolé d'avoir pris de votre temps.
즈 쒸이 데졸레 다부아르 프리 드 보트르 떵

이렇게 늦어서 몹시 미안합니다
Ce retard me navre.
쓰 르따르 므 나브르

자신의 잘못을 사과하다
s'excuser d'une faute
쎅쓰뀌제 뒨 포뜨

저의 실언에 대해 사과드립니다
Je m'excuse d'une parole malheureuse.
즈 멕쓰뀌즈 뒨 빠롤 말뢰뢰즈

저의 잘못에 대해 사과드립니다
Je m'excuse de ma faute.
즈 멕쓰뀌즈 드 마 포뜨

정말 미안합니다
Je suis vraiment désolé(e).
즈 쒸이 브레멍 데졸레

정말 미안합니다
Mille pardons.
밀 빠르동

정말 미안해. 네가 깨어있는 줄 알았어
Oh! pardon! je croyais que tu étais réveillé.
오 빠르동 즈 크루아예 끄 뛰 에떼 레베예

제 동생을 대신해서 사과드리겠습니다
Je voudrais faire des excuses à la place de mon petit frère.
즈 부드레 페르 데젝쓰뀌즈 알라 쁠라쓰 드 몽 쁘띠 프레르

진심으로 사과드립니다
Je vous fais toutes mes excuses.
즈 부 페 뚜뜨 메젝쓰뀌즈

파업자들의 표정에는 부끄러워 하는 기미라거나 미안해 하는 기색이 전혀 없었다
Sur le visage des grévistes, il n'y avait aucun signe de honte ou d'excuse.
쒸르 르 비자즈 데 그레비스뜨 일 니 아베 오껭 씨뉴 드 옹뜨 우 덱쓰뀌즈

폐를 끼쳐서 죄송합니다
Je suis navré de vous avoir dérangé.
즈 쒸이 나브레 드 부자부아르 데렁제

Unité 8 축하 / 기원

Félicitations / voeux

 축하 Félicitations

축하합니다!
Félicitations !
펠리씨따씨옹

축하합니다!
Je vous félicite !
즈 부 펠리씨뜨

진심으로 축하드려요!
Toutes mes félicitations !
뚜뜨 메 펠리씨따씨옹

축하해!
Chapeau !
샤뽀

생일 축하합니다!
Bon anniversaire !
보아니베르쎄르

생일 축하합니다!
Joyeux anniversaire !
주아요자니베르쎄르

 기원 Voeux

서울에 오신 것을 환영합니다.
Je vous souhaite la bienvenue à Séoul.
즈 부 쑤에뜨 라 비엥브뉘 아 쎄울

머무르시는 동안 즐거운 시간 보내시기 바랍니다!
Je vous souhaite un bon séjour !
즈 부 쑤에뗑 봉 쎄주르

건강과 행복을 기원합니다.
Je vous souhaite une bonne santé et beaucoup de bonheur.
즈 부 쑤에뜨 윈 번 썽떼 에 보꾸 드 보뇌르

건승을 기원합니다.
Je vous souhaite une bonne continuation sur votre chemin.
즈 부 쑤에뜨 윈 번 꽁띠뉘아씨옹 쉬르 보트르 슈멩

조속한 쾌유를 기원합니다.
Je vous souhaite une prompte guérison.
즈 부 쑤에뜨 윈 프롱쁘뜨 게리종

시험에 합격하기를 바란다.
Je souhaite que tu réussisses à l'examen.
즈 쑤에뜨 끄 뛰 레위씨쓰 알레그자멩

즐거운 여행 하세요!
Bon voyage !
봉 부아야주

좋은 저녁 보내세요!
Bonne soirée !
번 쑤아레

맛있게 드세요!
Bon appétit !
보나뻬띠

행운을 빈다!
Bonne chance !
번 성쓰

이제 다 잘 될 거야!
Maintenant, tout ira bien.
멩뜨넝 뚜띠라 비엥

일 잘 하세요!
Travaillez bien !
트라바예 비엥

힘내!
Bon courge !
봉 꾸라즈

힘내!
Courage !
꾸라즈

메리 크리스마스!
Joyeux Noël !
주아요 노엘

새해 복 많이 받으세요!
Bonne année !
번나네

새해 복 많이 받으시기를 기원합니다.
Meilleurs voeux pour cette année !
메예르 뵈 뿌르 쎄따네

 **표현** Expressions

가정의 화목을 기원합니다!
Tous nos vœux de bonheur pour votre famille!
뚜 노 뵈 드 보뇌르 뿌르 보트르 파미유

결혼기념파티
une fête d'anniversaire de mariage.
윈 페뜨 다니베르쎄르 드 마리아즈

결혼을 진심으로 축하합니다
Toutes mes félicitations pour votre mariage!
뚜뜨 메 펠리씨따씨옹 뿌르 보트르 마리아즈

그는 신년 초에 두루두루 인사를 다녔다
Il est allé présenter ses vœux un peu partout pour la nouvelle année.
일레딸레 프레정떼 쎄 뵈 엥 쀠 빠르뚜 뿌르 라 누벨라네

그들은 서로의 행복을 기원했다
Ils ont souhaité le bonheur l'un de l'autre
일종 쑤에떼 르 보뇌르 렝 들로트르

그들은 신년인사를 교환했다
Ils se sont échangé les vœux de nouvel an.
일 쓰 쏭떼성제 레 뵈드 드 누벨렁

그들은 오랫동안 서로 축하의 말을 나누었다
Ils se sont longuement congratulés.
일 쓰 쏭 롱그멍 꽁그라뛸레

그들의 결혼을 축하하여 종이 울린다
Les cloches sonnent en l'honneur de leur mariage.
레 끌로슈 쏜느 엉 로뇌르 드 뢰르 마리아즈

그 일에 성공한 것을 축하 합니다
Je vous félicite d'y être parvenu.
즈 부 펠리씨뜨 디 에트르 빠르브뉘

그의 사법고시 합격을 축하하기 위해 친구들이 모두 모였다
Tous ses amis se sont réunis pour célébrer sa réussite au
concours d'admission à la magistrature.
뚜 쎄자미 쓰 쏭 레위니 뿌르 쎌레브레 싸 레위씨뜨 오 꽁꾸르 다드미씨옹 알라
마지스트라뛰르

끝없는 축하의 말을 주고받다
échanger d'interminables congratulations
에셩제 뎅떼르미나블 꽁그라뛸라씨옹

기념일 축하
célébration d'un anniversaire
쎌레브라씨옹 데아니베르쎄르

나는 결혼을 발표한 커플에게 축하인사를 했다
J'ai félicité un couple qui avait annoncé son mariage.
제 펠리씨떼 엥 꾸쁠 끼 아베따농쎄 쏭 마리아즈

나는 그가 새 집에 입주한 것을 축하했다
J'ai fêté son installation dans un nouveau logement.
제 페떼 쏘넹스딸라씨옹 덩젱 누보 로즈멍

나는 그에게 즐거운 여행을 기원했다
Je lui ai souhaité bon voyage.
즈 뤼이 에 쑤에떼 봉 부아야즈

나는 그에게 축하의 말을 했다
Je lui ai envoyé mes félicitations.
즈 뤼이 에 엉부아예 메 펠리씨따씨옹

나는 그에게 축하인사를 했다
Je lui ai fait des félicitations.
즈 뤼이 에 페 데 펠리씨따씨옹

나는 그의 생일을 축하했다
Je lui ai souhaité un bon anniversaire.
즈 뤼이 에 쑤에떼 엥 보나니베르쎄르

나는 그의 성공을 축하했다
Je lui ai fait des compliments de son succès.
즈 뤼이 에 페 데 꽁쁠리멍 드 쏭 쒹쎄

나는 그 학생이 시험을 잘 본 것을 축하했다
J'ai complimenté l'élève pour son succès à l'examen.
제 꽁블리멍떼 렐레브 뿌르 쏭 쒹쎄 알레그자멩

나는 딸이 태어나 기뻐하는 아버지에게 축하의 말을 했다
J'ai congratulé l'heureux père sur la naissance de sa fille.
제 꽁그라뛸레 뢰뢰 뻬르 쒸르 라 네썽쓰 드 싸 피유

나는 부모님의 만수무강을 기원한다
Je souhaite longue vie à mes parents.
즈 쑤에뜨 롱그 비 아 메 빠렁

나는 집안 어른께 새해 인사를 드렸다
J'ai souhaité la bonne année aux membres âgés de ma famille.
제 쑤에떼 라 번나네 오 멍브르자제 드 마 파미유

늘 행복하시기를 기원합니다
Je souhaite que vous soyez toujours heureux.
즈 쑤에뜨 끄 부 쑤아예 뚜주르 외뢰

두 분의 행복을 기원합니다
Je vous souhaite du bonheur à tous les deux.
즈 부 쑤에뜨 뒤 보뇌르 아 뚤레 되

두 사람의 결합을 진심으로 축하합니다
Je vous félicite sincèrement tous les deux pour votre union.
즈 부 펠리씨뜨 쎙쎄르멍 뚤레되 뿌르 보트르 위니옹

득남을 진심으로 축하합니다!
Toutes mes félicitations d'être devenu père d'un fils!
뚜뜨 메 펠리씨따씨옹 데트르 드브뉘 뻬르 뎅 피쓰

메리 크리스마스!
Joyeux Noël !
주아유 노엘

빠른 쾌유를 기원합니다
Je vous souhaite un prompt rétablissement.
즈 부 쑤에뜨 엥 프롱 레따블리쓰멍

사람들은 그에게 즐거운 체류가 되길 기원했다
On lui a souhaité un séjour agréable.
옹 뤼이 아 쑤에떼 엥 쎄주르 아그레아블

새로운 왕의 즉위를 축하하다
célébrer l'avènement d'un nouveau roi
쎌레브레 라베느멍 뎅 누보 루아

새해 복 많이 받으세요 — 저도 같은 인사를 드립니다
Bonne année. — Et à vous pareillement.
번나네 에 아 부 빠레유멍

새해인사 드립니다
Je vous offre mes vœux de nouvel an.
즈 부조프르 메 뵈 드 누벨렁

새해인사 드립니다
Je vous souhaite une bonne année !
즈 부 쑤에뜨 윈 번나네

새해 인사
souhaits de bonne année
쑤에 드 번나네

생신 축하드립니다!
Je vous souhaite un bon anniversaire!
즈 부 쑤에뜨 엥 보나니베르쎄르

생일 축하 카드
carte d'anniversaire
꺄르뜨 다니베르쎄르

생일 축하 파티
banquet pour célébrer un anniversaire
벙께 뿌르 쎌레브레 에나니베르쎄르

생일 축하해!
Bon anniversaire !
보나니베르쎄르

생일 축하해!
Je te félicite pour ton anniversaire !
즈 뜨 펠리씨뜨 뿌르 또나니베르쎄르

생일 축하해!
Joyeux anniversaire !
주아유자니베르쎄르

서로 축하하다
se congratuler réciproquement
쓰 꽁그라뛸레 레씨프로끄멍

성공과 건강을 기원합니다
Je vous souhaite une bonne réussite et une excellente santé.
즈 부 쑤에뜨 윈 번 레위씨뜨 에 윈 엑쎌렁뜨 썽떼

성공을 축하하다
fêter un succès
페떼 엥 쒹쎄

성공을 축하합니다
Je me réjouis de votre succès.
즈 므 레주이 드 보트르 쒹쎄

성탄절(또는 송년) 파티를 하다
faire le réveillon
페르 르 레베용

성탄절을 기념하다
fêter Noël
페떼 노엘

시험 잘 본 것 축하해!
Je te félicite pour ton succès à l'examen!
즈 뜨 펠리씨뜨 뿌르 똥 쒝쎄 알레그자멩

신년인사를 교환하다
s'échanger les vœux de nouvel an
쎄셩제 레 뵈 드 누벨렁

신년 메시지
message de bonne année,
메싸즈 드 번나네

신년 메시지
vœux du nouvel an
뵈 뒤 누벨렁

신랑신부는 하객들의 축하를 받았다
Le couple a été félicité par les invités.
르 꾸쁠르 아 에떼 펠리씨떼 빠르 레젱비떼

아기의 탄생을 축하하다
fêter la naissance du bébé
페떼 라 네썽쓰 뒤 베베

열렬한 축하
chaudes félicitations
쇼드 펠리씨따씨옹

왕자의 결혼으로 축하행사들이 벌어졌다
Le mariage princier a donné lieu à de grandes festivités.
르 마리아즈 프렝씨에 아 도네 리유 아 드 그렁드 페스띠비떼

우리가 다시 만난 것을 축하해야 한다
Il faut fêter nos retrouvailles.
일 포 페떼 노 르트루바이유

우리는 그 사람이 전쟁에서 살아 돌아온 것을 축하하는 잔치를 열었다
Nous avons fêté son retour vivant de la guerre.
누자봉 페떼 쏭 르뚜르 비벙 들라 게르

우리는 나라의 번영을 기원한다
Nous espérons que l'État prospère.
누제스뻬롱 끄 레따 프로스뻬르

우리는 위대한 작가의 탄생 300주년을 축하했다
Nous avons fêté le tricentenaire d'un grand écrivain.
누자봉 페떼 르 르티썽뜨네르 뎅 그렁떼크리벵

우리는 한반도 통일을 위해 기도한다
Nous prions pour la réunification de la péninsule coréenne.
누 프리옹 뿌르 라 레위니피꺄씨옹 들라 뻬넁쉴 꼬레엔

우리의 간절한 소망이 이루어졌다
Nos vœux les plus chers ont été exaucés.
노 뵈 레 쁠뤼 셰르 옹떼떼 엑그조쎄

우리의 소망이 이루어졌다
Nos vœux ont été exaucés.
노 뵈 옹떼떼 에그조쎄

우수한 시험성적에 대한 축하선물
un cadeau à l'occasion d'un succès à un examen
엥 꺄도 알로꺄지옹 뎅 쒝쎄 아 에네그자멩

이 대학 입학을 축하한다
Félicitations pour ton admission dans cette université.
펠리씨따씨옹 뿌르 또나드미씨옹 덩 쎄뛰니베르씨떼

자손의 번창을 기원합니다
Je souhaite la prospérité pour vos descendants.
즈 쑤에뜨 라 프로스뻬리떼 뿌르 보 데썽덩

조속한 쾌유를 기원합니다
J'espère que vous serez vite guéri.
제스뻬르 끄 부 쓰레 비뜨 게리

졸업을 축하한다
Je te félicite pour avoir terminé tes études.
즈 뜨 펠리씨뜨 뿌라부아르 떼르미네 떼제뛰드

졸업식에 참석하고 싶었지만 그렇지 못해서 마음으로나마 졸업을 축하한다
Je voulais assister à ta cérémonie de fin d'études, mais comme je ne peux pas y aller, je voulais au moins te féliciter.
즈 불레 아씨스떼 아 따 쎄레모니 드 펭데뛰드 메 껌 즈 느 쀠 빠지 알레 즈 불레 오 무엥 뜨 펠리씨떼

축하드립니다
Je vous présente mes félicitations.
즈 부 프레정뜨 메 펠리씨따씨옹

축하의 뜻으로
à titre de félicitations
아 띠트르 드 펠레씨따씨옹

축하의 뜻을 표합니다
Agréez que je vous félicite.
아그레에 끄 즈 부 펠리씨뜨

축하편지
lettre de félicitations
레트르 드 펠레씨따씨옹

축하합니다!
Mes compliments!
메 꽁쁠리멍

평안을 바라다
aspirer au calme
아스삐레 오 깔므

평안을 바라다
souhaiter la paix
쑤에떼 라 뻬

합격을 축하한다
Je te félicite pour ton succès au concours.
즈 뜨 펠리씨뜨 뿌르 똥 쒹쎄 오 꽁꾸르

축하 / 기원

행복을 기원하다
exprimer des souhaits de bonheur
엑쓰프리메 데 쑤에 드 보뇌르

행복과 번창을 기원합니다
Je vous souhaite bonheur et prospérité.
즈 부 쑤에뜨 보뇌르 에 프로스뻬리떼

행운을 빕니다
Je vous souhaite bonne chance.
즈 부 쑤에뜨 번 셩쓰

여행

Voyage

역사와 문화가 살아 숨쉬는
프랑스를 여행하다 보면
아름다운 추억이 많이 쌓인다
유용한 표현까지 익혀두면
여행이 더욱 즐거워질 것이다

Unité 1

공항에서
À l'aéroport

 **공항에서** À l'aéroport

그 항공사 카운터에 있을게.
Je serai au comptoir d'enregistrement de la compagnie aérienne.
주 쓰레 오 꽁뚜아르 덩르지스트르멍 들라 꽁빠니 아에리엔

네 여권과 항공권 챙겼니?
As-tu ton passeport et ton billet ?
아뛰 똥 빠스뽀르 에 똥 비예

화면에서 비행편을 봐.
Regarde les vols sur l'écran.
르갸르드 레 볼 쒸르 레크렁

탑승수속은 어디에서 합니까?
Où peut-on faire l'enregistrement pour l'embarquement ?
우 쀠똥 페르 렁르지스트르멍 뿌르 렁바르끄멍

5 번 게이트는 어딥니까?
Où est la porte 5 ?
우 에 라 뽀르트 쎙끄

통로측 좌석을 원합니다.
Je voudrais une place côté couloir.
즈 부드레 윈 쁠라쓰 꼬떼 꿀루아르

고객님 좌석번호는 C-3 입니다.
Le numéro de votre place est C-3.
르 뉘메로 드 보트르 쁠라쓰 에 쎄 트루아

카운터로 이 짐을 가져다주시겠어요?
Pouvez-vous apporter ces bagages au comptoir d'enregistrement ?
뿌베 부 아뽀르떼 쎄 바갸주 오 꽁뚜아르 덩르지스트르멍

짐이 있습니까?
Avez-vous des bagages ?
아베 부 데 바가즈

있습니다.
Oui, j'en ai.
위 저네

없습니다.
Non, je n'en ai pas.
농 주 너네 빠

짐이 세 개입니다.
J'ai trois bagages.
제 트루아 바가즈

탑승시간은 언제입니까?
Quelle est l'heure d'embarquement ?
껠에 뢰르 덩바르끄멍

면세점은 어디 있습니까?
Où sont les boutiques hors taxe ?
우 쏭 레 부띠끄 오르 딱쓰

저쪽에 있습니다.
Vous allez les trouver là-bas.
부잘레 레 트루베 라바

여행 목적이 뭡니까?
Quel est l'objectif de votre voyage ?
껠레 롭젝띠프 드 보트르 부아야즈

저는 여기서 휴가 중입니다.
Je suis en vacances ici.
즈 쒸이정 바껑쓰 이씨

저는 사업상 여기 왔습니다.
Je suis en voyage d'affaires.
즈 쒸이정 부아야주 다페르

 기내에서 Dans l'avion

항공권을 승무원에게 보여주자.
Montrons le billet d'avion à l'hôtesse de l'air.
몽트롱 르 비예 다비옹 알로떼쓰 들레르

비행기표를 보여주시겠습니까?
Puis-je voir votre billet d'avion ?
쀠이 즈 부아르 보트르 비예 다비옹

여기 있습니다.
Voilà.
부알라

즐겁게 여행하세요!
Bon voyage !
봉 부아야즈

음료수는 어떤 걸로 드릴까요?
Qu'est-ce que vous voulez boire ?
께스끄 부불레 부아르

콜라 한 잔 주세요.
Un coca, s'il vous plaît.
엥 꼬꺄 씰 부 쁠레

얼음 넣어드릴까요?
Avec de la glace ?
아베끄 들라 글라쓰

비행기가 착륙한다.
L'avion atterrit.
라비옹 아떼리

비행기가 이륙한다.
L'avion décolle.
라비옹 데꼴

 # 국가 / 도시 Pays / villes

어디 가십니까?
Où allez-vous ?
우 알레 부

저는 한국에 갑니다.
Je vais en Corée.
즈 베 엉 꼬레

저는 서울에 갑니다.
Je vais à Séoul.
즈 베 아 쎄울

저는 프랑스에 갑니다.
Je vais en France.
즈 베 엉 프렁쓰

저는 파리에 갑니다.
Je vais à Paris.
즈 베 아 빠리

저는 독일에 갑니다.
Je vais en Allemagne.
즈 베 어날마뉴

저는 베를린에 갑니다.
Je vais à Berlin.
즈 베 아 베를렝

저는 미국에 갑니다.
Je vais aux États-Unis.
즈 베 오제따쥐니

저는 워싱턴에 갑니다.
Je vais à Washington.
즈 베 아 와싱똔

저는 브라질에 갑니다.
Je vais au Brésil.
즈 베 오 브레질

저는 브라질리아에 갑니다.
Je vais à Brasilia.
즈 베 아 브라질리아

저는 알제리에 갑니다.
Je vais en Algérie.
즈 베 어날제리

저는 알제에 갑니다.
Je vais à Alger.
즈 베 아 알제

저는 세네갈에 갑니다.
Je vais au Sénégal
즈 베 오 쎄네갈

저는 다카르에 갑니다.
Je vais à Dakar.
즈 베 아 다꺄르

저는 중국에 갑니다.
Je vais en Chine.
즈 베 엉 쉰

저는 베이징에 갑니다.
Je vais à Pékin.
즈 베 아 뻬껭

저는 일본에 갑니다.
Je vais au Japon.
즈 베 오 자뽕

저는 도쿄에 갑니다.
Je vais à Tokyo.
즈 베 아 또꾜

저는 호주에 갑니다.
Je vais en Australie.
즈 베 어노스트랄리

저는 캔버라에 갑니다.
Je vais à Canberra.
즈 베 아 껑베라

저는 뉴질랜드에 갑니다.
Je vais en Nouvelle-Zélande.
즈 베 엉 누벨젤렁드

저는 웰링턴에 갑니다.
Je vais à Wellington.
즈 베 아 웰링똔

 국적 Nationalité

국적이 어떻게 되십니까?
Quelle est votre nationalité ?
껠레 보트르 나씨오날리떼

저는 한국인입니다.
Je suis coréen(ne).
즈 쒸이 꼬레엥(엔)

저는 프랑스인입니다.
Je suis français(e).
즈 쒸이 프렁쎄(즈)

저는 독일인입니다.
Je suis allemand(e).
즈 쒸이잘멍(드)

저는 미국인입니다.
Je suis américain(e).
즈 쒸이자메리껨(껜)

저는 브라질인입니다.
Je suis brésilien(ne).
즈 쒸이 브레질리엥(엔)

저는 알제리인입니다.
Je suis algérien(ne).
즈 쒸이잘제리엥(엔)

저는 세네갈인입니다.
Je suis sénégalais(e).
즈 쒸이 쎄네갈레(즈)

저는 중국인입니다.
Je suis chinois(e).
즈 쒸이 쉬누아(즈)

저는 일본인입니다.
Je suis japonais(e).
즈 쒸이 자뽀네(즈)

저는 호주인입니다.
Je suis australien(ne).
즈 쒸이조스트랄리엥(엔)

저는 뉴질랜드인입니다.
Je suis néo-zélandais(e).
즈 쒸이 네오젤렁데(즈)

Unité 2

호텔에서
À l'hôtel

프론트데스크에서 À la réception

방을 하나 예약했습니다.
J'ai réservé une chambre.
제 레제르베 윈 성브르

방을 예약하지 않았습니다.
Je n'ai pas réservé de chambre.
즈 네 빠 레제르베 드 성브르

방 있습니까?
Avez-vous une chambre ?
아베 부 윈 성브르

1 인실 부탁합니다.
Je voudrais une chambre pour une personne.
즈 부드레 윈 성브르 뿌르 윈 뻬르썬

하룻밤에 얼마입니까?
Combien ça coûte par nuit ?
꽁비엥 싸 꾸뜨 빠르 뉘이

좀 더 싼 방은 없습니까?
Avez-vous une chambre moins chère ?
아베부 윈 성브르 무엥 셰르

요금은 아침식사 포함입니까?
Le petit déjeuner est-il compris ?
르 쁘띠 데죄네 에띨 꽁프리

사흘 머물겠습니다.
Je vais rester trois nuits.
즈 베 레스떼 트루아 뉘이

체크아웃 시간은 몇 시입니까?
À quelle heure faut-il quitter la chambre ?
아 껠뢰르 포띨 끼떼 라 셩브르

어떻게 계산하시겠습니까?
Comment voulez-vous payer ?
꼬멍 불레 부 뻬예

현금으로 하겠습니다.
Je vais payer en espèce.
즈 베 뻬예 어네스뻬쓰

신용카드로 계산하겠습니다.
Je vais payer par carte de crédit.
즈 베 뻬예 빠르 꺄르뜨 드 크레디

제 짐을 방에 가져다주세요.
Apportez mes bagages dans ma chambre, s'il vous plaît.
아포르떼 메 바가주 덩 마 셩브르 씰 부 쁠레

객실에서 Dans la chambre

에어콘을 어떻게 조절하는지 설명해주시겠습니까?
Pouvez-vous expliquer comment régler la climatisation ?
뿌베부젝스쁠리께 꼬멍 레글레 라 끌리마띠자씨옹

비상구는 어디 있습니까?
Où est la sortie de secours ?
우 에 라 쏘르띠 드 쓰꾸르

더운 물이 나오지 않습니다.
Il n'y a pas d'eau chaude.
일 니야 빠 도 쇼드

화장실 물이 안 나옵니다.
La chasse d'eau ne marche pas.
라 샤쓰 도 느 마르슈 빠

텔레비전이 켜지지 않습니다.
La télévision ne s'allume pas.
라 뗄레비지옹 느 쌀륌 빠

방을 바꾸고 싶습니다.
Je voudrais changer de chambre.
즈 부드레 셩제 드 셩브르

아침식사 룸서비스가 됩니까?
Pouvez-vous apporter le petit déjeuner dans ma chambre ?
뿌베 부 아뽀르떼 르 쁘띠 데죄네 덩 마 셩브르

룸서비스 번호가 어떻게 됩니까?
Quel est le numéro du service de chambre ?
껠레 르 뉘메로 뒤 쎄르비쓰 드 셩브르

룸서비스 부탁합니다.
Le service de chambre, s'il vous plaît.
르 쎄르비쓰 드 셩브르 씰 부 쁠레

방 번호가 어떻게 되나요?
Quel est le numéro de votre chambre ?
껠레 르 뉘메로 드 보트르 셩브르

여기는 506 호실입니다.
Ici, c'est la chambre numéro 506.
이씨 쎄 라 셩브르 뉘메로 쌩썽씨쓰

6 시에 모닝콜 가능할까요?
Pouvez-vous me réveiller à six heures ?
뿌베부 므 레베예 아 씨죄르

Unité 3 식당에서
Au restaurant

 식당 찾기 Recherche d'un restaurant

별로 비싸지 않은 음식점을 찾고 있습니다.
Je cherche un restaurant pas trop cher.
즈 셰르슈 엥 레스또렁 빠 트로 셰르

근처에 유명한 레스토랑이 있습니까?
Y a-t-il un restaurant bien connu près d'ici ?
이야띨 엥 레스또렁 비엥 꼬뉘 프레 디씨

수수한 식당을 찾고 있습니다.
Je cherche un bistrot.
즈 셰르슈 엥 비스트로

이 지방의 명물 요리는 무엇입니까?
Quelle est la spécialité de cette région ?
껠레 라 스뻬씨알리떼 드 쎄뜨 레지옹

프랑스 요리를 먹어보고 싶습니다.
Je voudrais goûter la cuisine française.
즈 부드레 구떼 라 뀌이진 프랑쎄즈

이 근처에 한국식당이 있나요?
Est-ce qu'il y a un restaurant coréen près d'ici ?
에스 낄리야 엥 레스또렁 꼬레엥 프레 디씨

 **예약** Réservation

예약이 필요합니까?
La réservation est-elle nécessaire ?
라 레제르바씨옹 에뗄 네쎄쎄르

예, 성함을 말씀해주십시오.
Oui, votre nom, s'il vous plaît.
위 보트르 농 씰 부 쁠레

제 이름은 토마 뒤퓌이입니다.
Je m'appelle Thomas Dupuis.
즈 마뻴 또마 뒤뿨이

몇 분이십니까?
Vous êtes combien de personnes ?
부제뜨 꽁비엥 드 뻬르썬

여섯 명입니다.
On est six.
오네 씨쓰

7 시에 가겠습니다.
On arrivera à sept heures.
오나리브라 아 쎄뙤르

몇 시까지 영업하십니까?
Vous êtes ouvert jusqu'à quelle heure ?
부제뜨 우베르 쥐스까 껠뢰르

 **입구에서** À l'entrée

안녕하세요. 몇 분이시죠?
Bonsoir, vous êtes combien de personnes ?
봉쑤아르 부제뜨 꽁비엥 드 뻬르썬

세 명입니다.
On est trois.
오네 트루아

잠시 여기서 기다려주시겠습니까?
Pourriez-vous attendre quelques minutes ici ?
푸리에 부 아떵드르 껠끄 미뉘뜨 이씨

알겠습니다.
D'accord.
다꼬르

얼마나 기다려야 합니까?
Pendant combien de temps doit-on attendre ?
뻥덩 꽁비엥 드 떵 두아또나떵드르

10 분 정도입니다.
Environ dix minutes.
엉비롱 디 미뉘뜨

저쪽에 테이블을 준비했습니다.
On vous a préparé une table là-bas.
옹 부자 프레빠레 윈 따블 라바

이쪽으로 오십시오.
Venez par ici, s'il vous plaît.
브네 빠리씨 씰 부 쁠레

 주문 Commande

메뉴판을 가져다주세요.
Apportez-moi la carte, s'il vous plaît.
아뽀르떼 무아 라 꺄르뜨 씰 부 쁠레

오늘의 추천요리는 무엇인가요?
Quel est le plat du jour ?
껠레 르 쁠라 뒤 주르

식당에서

여기서 잘하시는 메뉴가 뭔가요?
Quelle est votre spécialité ?
껠레 보트르 스뻬씨알리떼

무엇을 권해 주시겠어요?
Qu'est-ce que vous me conseillez ?
께스끄 부 므 꽁쎄예

주요리로는 어떤 것이 있나요?
Qu'est-ce que vous avez comme plat principal ?
께스끄 부자베 껌 쁠라 프렝씨빨

전채요리 있나요?
Avez vous des entrées ?
아에부 데정트레

샐러드와 수프 주세요.
Je voudrais une salade verte et une soupe.
즈 부드레 윈 쌀라드 베르뜨 에 윈 수쁘

빵 더 주세요.
Plus de pain, s'il vous plaît.
쁠뤼드 뺑 씰 부 쁠레

쇠고기 할래요.
Je voudrais du boeuf.
즈 부드레 뒤 뵈프

샐러드 곁들인 스테이크 주세요.
Je voudrais un steak-salade.
즈 부드레 엥 스떼끄쌀라드

고기는 어떻게 익혀드릴까요?
Comment voulez-vous votre viande ?
꼬멍 불레 부 보트르 비엉드

웰던으로 부탁합니다.
Bien cuit, s'il vous plaît.
비엥 뀌이 씰 부 쁠레

미디엄으로 부탁합니다.
À point, s'il vous plaît.
아 뿌엥 씰 부 쁠레

레어로 부탁합니다.
Saignant, s'il vous plaît.
쎄녕 씰 부 쁠레

돼지고기 할래요.
Je voudrais du porc.
즈 부드레 뒤 뽀르

양고기 하나 주세요.
Un agneau, s'il vous plaît.
에나뇨 씰 부 쁠레

닭가슴살 하나 주세요.
Un filet de volaille, s'il vous plaît.
엥 필레 드 볼라유 씰 부 쁠레

생선요리는 뭐가 있나요?
Qu'est-ce que vous avez comme poissons ?
께스끄 부자베 껌 뿌아쏭

갑각류 요리를 맛보고 싶어요.
J'aimerais goûter des crustacés.
제므레 구떼 데 크뤼스따쎄

치즈 있나요?
Avez-vous du fromage ?
아베부 뒤 프로마주

소금 좀 가져다주세요.
Du sel, s'il vous plaît.
뒤 쎌 씰 부 쁠레

물 주세요.
De l'eau, s'il vous plaît.
들로 씰 부 쁠레

냅킨 주세요.
Une serviette, s'il vous plaît.
윈 세르비에뜨 씰 부 쁠레

나이프 주세요.
Un couteau, s'il vous plaît.
엥 꾸또 씰 부 쁠레

포크 주세요.
Une fourchette, s'il vous plaît.
윈 푸르셰뜨 씰 부 쁠레

숟가락 주세요.
Une cuillère, s'il vous plaît.
윈 뀌이에르 씰 부 쁠레

디저트로 뭘 추천해주시겠어요?
Qu'est-ce que vous recommanderiez comme dessert ?
께스끄 부 르꼬멍드리에 껌 데쎄르

커피 한 잔 주세요.
Un café, s'il vous plaît.
엥 까페 씰 부 쁠레

차 한 잔 주세요.
Un thé, s'il vous plaît.
엥 떼 씰 부 쁠레

콜라 한 잔 주세요.
Un coca, s'il vous plaît.
엥 꼬까 씰 부 쁠레

오렌지 주스 한 잔 주세요.
Un jus d'orange, s'il vous plaît.
엥 쥐 도렁즈 씰 부 쁠레

딸기 아이스크림 하나 주세요.
Une glace à la fraise, s'il vous plaît.
윈 글라쓰 알라 프레즈. 씰 부 쁠레

 **계산** Paiement

계산서 부탁합니다.
L'addition, s'il vous plaît.
라디씨옹 씰 부 쁠레

제가 살게요.
C'est moi qui paie.
쎄 무아 끼 뻬

각자 부담하죠.
On partage.
옹 빠르따즈

카드로 계산해도 됩니까?
Est-ce que je peux payer par carte de crédit ?
에스 끄 즈 뾔 뻬예 빠르 꺄르뜨 드 크레디

맛있게 드셨나요?
Avez-vous bien mangé ?
아베 부 비엥 멍제

예, 아주 잘 먹었습니다.
Oui, j'ai bien mangé.
위 제 비엥 멍제

매우 맛있었습니다.
C'était très bon.
쎄떼 트레 봉

Unité 4

대중교통

Transport en commun

 **지하철** Métro

이 근처에 지하철역이 있습니까?
Est-ce qu'il y a une station de métro près d'ici ?
에스낄리야 윈 스따씨옹 드 메트로 프레 디씨

가장 가까운 지하철역은 어디입니까?
Quelle est la station de métro la plus proche ?
껠레 라 스따씨옹 드 메트로 라 쁠뤼 프로슈

'코메르스'역이 어디인가요?
Où est la station "Commerce" ?
우 에 라 스따씨옹 꼬메르쓰

어디에서 표를 삽니까?
Où peut-on acheter le ticket ?
우 쀠똥 아슈떼 르 띠께

티켓 잘 보관하세요.
Gardez votre ticket.
가르데 보트르 띠께

지하철 노선표 주시겠어요?
Puis-je avoir un plan de métro ?
쀠이 즈 아부아르 엥 쁠렁 드 메트로

루브르박물관은 지하철로 어떻게 갑니까?
Comment je peux aller au Musée du Louvre par métro ?
꼬멍 즈 쀄잘레 오 뮈제 뒤 루브르 빠르 메트로

퐁피두센터에 가려면 어디서 전철을 갈아타나요?
Où est-ce que je dois changer de métro pour aller au Centre Pompidou ?
우 에스끄 즈 두아 성제 드 메트로 뿌르 알레 오 썽트르 뽕삐두

지하철표 한 장 주세요.
Un ticket de métro, s'il vous plaît.
엉 띠께 드 메트로 씰 부 쁠레

정기권 한 장 주세요.
Une carte orange, s'il vous plaît.
윈 꺄르트 오렁즈 씰 부 쁠레

에펠탑에 가려면 어디에서 내립니까?
Où dois-je descendre pour aller à la tour Eiffel ?
우 두아 즈 데썽드르 뿌르 알레 알라 뚜르 에펠

개선문에 가려면 어느 출구로 나가야 하나요?
Quelle est la bonne sortie pour aller à l'Arc de triomphe ?
껠레 라 번 쏘르띠 뿌랄레 알라르끄 드 트리옹프

 택시 Taxi

택시 승차장은 어디입니까?
Où est la station de taxi ?
우 에 라 스따씨옹 드 딱씨

이 주소로 가 주시겠어요?
Pouvez-vous me conduire à cette adresse ?
뿌베 부 므 꽁뒤이르 아 쎄뜨 아드레쓰

메르퀴르호텔로 가주세요.
Allez à l'hôtel Mercure, s'il vous plaît.
알레 알로뗄 메르뀌르 씰 부 쁠레

오르세미술관까지 요금이 얼마 정도 나올까요?
Combien ça coûterait jusqu'au musée d'Orsay?
꽁비엥 싸 꾸트레 쥐스꼬 뮈제 도르쎄

몽마르트르까지 가는 데 얼마나 걸립니까?
Ça prend combien de temps pour aller jusqu'à Montmartre ?
싸 프렁 꽁비엥 드 떵 뿌르 알레 쥐스까 몽마르트르

우회전해주세요.
Tournez à droite.
뚜르네 아 드루아뜨

좌회전해주세요.
Tournez à gauche.
뚜르네 아 고슈

여기서 세워주세요.
Arrêtez-vous là, s'il vous plaît.
아레떼 부 라 씰 부 쁠레

얼마입니까?
C'est combien ?
쎄 꽁비엥

기차 Train

리옹으로 가자.
Partons pour Lyon.
빠르똥 뿌르 리옹

시간표를 봐.
Regarde l'horaire.
르갸르드 로레르

보통열차, 급행열차, TGV(고속열차) 중에 뭘 탈까?
Qu'est-ce qu'on va prendre, le train normal, le train express ou le TGV ?
께스 꽁 바 프렁드르, 르 트렝 노르말, 르 트렝 엑스프레쓰 우 르 떼제베

TGV 를 타자.
On va prendre le TGV.
옹 바 프렁드르 르 떼제베

창구에서 줄을 서야 해.
Nous devons faire la queue au guichet.
누 드봉 페르 라 꾀 오 기셰

이 열차의 좌석 두 자리를 예약하고 싶습니다.
Je voudrais réserver deux places dans ce train.
즈 부드레 레제르베 되 블라쓰 덩 쓰 트렝

리옹행 TGV 이등석 편도표 두 장 주십시오.
Donnez-moi deux billets aller-simple en deuxième classe du TGV à destination de Lyon.
도네 무아 되 비예 알레 셍쁠 엉 되지엠 끌라쓰 뒤 떼제베 아데스띠나씨옹 드 리옹

왕복표 가격은 얼마죠?
Quel est le prix du billet aller-retour ?
껠레 르 프리 뒤 비예 알레 르뚜르

마르세유 가는 기차는 어느 역에서 떠납니까?
De quelle gare part le train à destination de Marseille ?
드 껠 갸르 빠르 르·트렝 아 데스띠나씨옹 드 마르쎄유

이 열차 니스 가나요?
Est-ce bien le train pour Nice ?
에쓰 비엥 르 트렝 뿌르 니쓰

기차는 몇 번 플랫폼에서 떠납니까?
De quel quai part le train ?
드 껠 께 빠르 르 트렝

기차는 11 번 플랫폼에서 떠납니다.
Le train part du quai numéro onze.
르 트렝 빠르 뒤 께 뉘메로 옹즈

대합실에서 기다릴까?
Va-t-on attendre dans la salle d'attente ?
바똥 아떵드르 덩 라 쌀 다떵뜨

플랫폼에서 기차를 기다리자.
Attendons le train sur le quai.
아떵동 르 트렝 쒸르 르 께

어디에서 기차를 갈아탑니까?
Où dois-je changer de train ?
우 두아 즈 셩제 드 트렝

이 열차는 베르사유까지 직행합니까?
Ce train va-t-il directement jusqu'à Versailles ?
쓰 트렝 바띨 디렉뜨멍 쥐스까 베르싸유

이 자리에 누가 있습니까?
Cette place est-elle occupée ?
쎄뜨 쁠라쓰 에뗄 오뀌뻬

죄송하지만 여기는 제 자리인 것 같은데요.
Excusez-moi, mais je pense que c'est ma place.
엑스뀌제 무아 메 즈 뻥쓰 끄 쎄 마 쁠라쓰

다음 역은 어디입니까?
Quelle est la prochaine gare ?
껠레 라 프로셴 갸르

이 열차는 칸에서 정차합니까?
Ce train s'arrête-t-il à Cannes ?
쓰 트렝 싸레뜨 띨 아 꺈

여기 얼마나 정차하나요?
Pendant combien de temps le train s'arrête-t-il ici ?
뻥덩 꽁비엥 드 떵 르 트렝 싸레뜨 띨 이씨

난 침대차에서 잘 거야.
Je vais dormir dans le wagon-lit.
즈 베 도르미르 덩 르 바공리

식당차에서 식사하자.
Mangeons dans le wagon-restaurant.
멍종 덩 르 바공레스토렁

Unité 5

쇼핑
Shopping

 가게 찾기 Recherche d'un magasin

이 도시의 상점가는 어디입니까?
Où se trouve la rue commerçante de cette ville ?
우 쓰 트루브 라 뤼 꼬메르썽뜨 드 쎄뜨 빌

백화점은 어디 있나요?
Où est le grand magasin ?
우 에 르 그렁 마갸젱

기념품점은 어디에 있습니까?
Où se trouve les boutiques de souvenirs ?
우 쓰 트루브 레 부띠끄 드 쑤브니르

면세점은 어디 있나요?
Où sont les boutiques hors taxe ?
우 쏭 레 부띠끄 오르 딱쓰

 선택 Choix

도와드릴까요?
Puis-je vous aider ?
쀠이 즈 부제데

어떻게 도와드릴까요?
Comment je peux vous aider ?
꼬멍 즈 쀠 부 제데?

무엇을 찾으십니까?
Qu'est-ce que vous cherchez ?
께스끄 부 셰르셰

둘러보는 중입니다.
Je regarde seulement.
즈 르갸르드 쐴멍

부모님께 드릴 선물을 원합니다.
Je voudrais acheter un cadeau pour mes parents.
즈 부드레 아슈떼 엥 까도 뿌르 메 빠렁

이 도시의 특산품은 무엇입니까?
Quelle est la spécialité de cette ville ?
껠레 라 스뻬씨알리떼 드 쎄드 빌

진열대 안에 있는 것 보여주시겠어요?
Pouvez-vous montrer les articles en vitrine ?
뿌베 부 몽트레 레자르띠끌 엉 비트린

어디에 쓰는 제품인가요?
À quoi ça sert ?
아 꾸아 싸 쎄르

이 제품 재질이 뭔가요?
C'est fait en quoi ?
쎄 페떵 꾸아

스웨터 세일하네.
Le pull est en solde.
르 쀨 에떵 쏠드

얼마지?
Combien ça coûte ?
꽁비엥 싸 꾸뜨

가격표를 봐.
Regarde l'étiquette.
르갸르드 레띠께뜨

너무 비싸다!
C'est trop cher !
쎄 트로 셰르

원피스는 오른쪽에 있고 바지는 왼쪽에 있습니다.
Les robes sont à droite, et les pantalons sont à gauche.
레로브 쏭따 드루아뜨 에 레 빵딸롱 쏭따 고슈

이 옷 입어봐도 될까요?
Puis-je essayer ce vêtement ?
쀠이 즈 에쎄예 쓰 베뜨멍

탈의실은 어디 있습니까?
Où est la cabine d'essayage ?
우 에 라 꺄빈 데쎄야주

옷 사이즈가 어떻게 되시죠?
Quelle est votre taille de vêtement?
껠레 보트르 따유 드 베뜨멍

이 제품 흰색으로 있습니까?
Avez-vous cela en blanc ?
아베 부 쓸라 엉 블렁

노란색 블라우스가 더 좋아요.
Je préfère un chemisier jaune.
즈 프레페르 엥 슈미지에 존

파란색 넥타이를 추천해드립니다.
Je vous recommande une cravate bleue.
즈 부 르꼬멍드 윈 크라바뜨 블뢰

신발을 신어봐도 될까요?
Puis-je essayer ces chaussures ?
쀠이 즈 에쎄예 쎄 쇼쒸르

검은색 구두 있나요?
Avez-vous des chaussures noires ?
아베 부 데 쇼쒸르 누아르

신발 사이즈가 어떻게 되시죠?
Quelle est votre pointure de chaussure ?
껠레 보트르 뿌엥뛰르 드 쇼쒸르

좀 더 싼 것이 있습니까?
Est-ce que vous avez quelque chose de moins cher ?
에스끄 부자베 껠끄 쇼즈 드 무엥 셰르

실례지만 화장품은 어디에 있나요?
Excusez-moi. Où sont les produits de beauté ?
엑쓰뀌제 무아 우 쏭 레 프로뒤이 드 보떼

1 층에 있습니다.
Au rez-de-chaussée.
오 레 드 쇼쎄

2 층에 있습니다.
Au premier étage.
오 프르미에 에따즈

3 층에 있습니다.
Au deuxième étage.
오 되지엠 에따즈

선크림을 찾고 있는데요.
Je cherche une lotion solaire.
즈 셰르슈 윈 로씨옹 쏠레르

이 두 개의 차이점이 뭔가요?
Quelle est la difféfence entre les deux ?
껠레 라 디페렁쓰 엉트르 레 되

다른 것도 보여주시겠어요?
Pouvez-vous m'en montrer d'autres ?
뿌베 부 멍 몽트레 도트르

향수를 사려고 하는데요.
Je voudrais un parfum.
즈 부드레 엥 빠르펭

테스트 해봐도 되나요?
Je peux essayer ?
즈 쁴제쎄예

계산 Paiement

이걸 사겠습니다.
Je vais prendre ça.
즈 베 프렁드르 싸

전부 얼마입니까?
C'est combien en tout ?
쎄 꽁비엥 엉 뚜

얼마입니까?
Combien ça coûte ?
꽁비엥 싸 꾸뜨

이거 두 개 얼마인가요?
Ça fait combien les deux ?
싸 페 꽁비엥 레 되

너무 비싸네요.
C'est trop cher pour moi.
쎄 트로 셰르 뿌르 무아

깎아주실 수 있나요?
Pourriez-vous faire une réduction ?
뿌리에 부 페르 윈 레뒥씨옹

죄송하지만 그렇게는 안 되겠네요.
Je suis désolé, mais ce ne serait pas possible.
즈 쉬이 데졸레 메 쓰느 쓰레 빠 뽀씨블

선물포장 해주시겠어요?
Pouvez-vous faire un paquet cadeau ?
뿌베 부 페르 엥 빠께 까도

어떻게 계산하실 건가요?
Comment voulez-vous payer ?
꼬멍 불레 부 뻬예

현금으로 지불할게요.
Je vais payer en espèce.
즈 베 뻬예 어네스뻬쓰

신용카드로 계산할게요.
Je vais payer par carte de crédit.
즈 베 뻬예 빠르 까르뜨 드 크레디

쇼핑백에 넣어주시겠어요?
Pouvez-vous les mettre dans un sac ?
뿌베 부 레 메트르 덩젱 싸끄

종이 쇼핑백을 드릴까요, 비닐봉투를 드릴까요?
Voulez-vous un sac en papier ou un sac en plastique ?
불레 부 엥 싸껑 빠삐에 우 엥 싸껑 쁠라스띠끄

종이 쇼핑백으로 주세요.
Un sac en papier, s'il vous plaît.
엥 싸껑 빠삐에 씰 부 쁠레

Unité 6

공연
Spectacle

 공연장 찾기 Recherche d'un lieu de représentation

극장은 어디 있나요?
Où est le théâtre ?
우 에 르 떼아트르

파리오페라극장은 어디 있나요?
Où est l'Opéra national de Paris ?
우 에 로뻬라 나씨오날 드 빠리

영화관은 어디에 있습니까?
Où est le cinéma ?
우 에 르 씨네마

영화관이 어디 있는지 말씀해 주시겠어요?
Vous pouvez me dire où se trouve le cinéma ?
부 뿌베 므 디르 우 쓰 투르브 르 씨네마

 공연장에서 Dans un lieu de représentation

지금 어떤 공연을 하고 있습니까?
Que joue-t-on au théâtre en ce moment ?
끄 주똥 오 떼아트르 엉 쓰 모멍

지금 가장 인기 있는 공연은 무엇입니까?
Quelle est la pièce la plus populaire en ce moment ?
껠레 라 삐에쓰 라 쁠뤼 뽀쀨레르 엉 쓰 모멍

이 연극에는 누가 출연하나요?
Qui joue dans cette pièce ?
끼 주 덩 쎄뜨 삐에쓰

발레 〈지젤〉을 보고 싶은데요.
Je voudrais voir le ballet *Giselle*.
즈 부드레 부아르 르 발레 지젤

입장료는 얼마입니까?
Quel est le prix du billet ?
껠레 르 프리 뒤 비예

토요일 공연 티켓 두 장 주세요.
Deux billets pour le spectacle de samedi, s'il vous plaît.
되 비예 뿌르 르 스뻭따끌 드 쌈디 씰 부 쁠레

가장 싼 좌석 두 자리 예약할게요.
Je voudrais réserver deux places les moins chères.
즈 부드레 레제르베 되 쁠라쓰 레 무엥 셰르

오늘 저녁 좌석 있나요?
Est-ce qu'il y a des places disponisbles pour ce soir ?
에스 낄리야 데 쁠라쓰 디스뽀니블 뿌르 쓰 쑤아르

죄송하지만 전석 매진입니다.
Je suis désolé, mais c'est complet.
즈 쒸이 데졸레 메 쎄 꽁쁠레

〈아멜리에〉를 보고 싶어요.
Je voudrais voir le film *Le Fabuleux Destin d'Amélie Poulain*.
즈 부드레 부아르 르 필므 르 파뷜뢰 데스뗑 다멜리 뿔렝

프랑스 영화 좋아하세요?
Vous aimez bien le cinéma français ?
부제메 비엥 르 씨네마 프렁쎄

예, 무척 좋아해요!
Oui, je l'aime beaucoup !
위 즐레므 보꾸

입구는 어디입니까?
Où est l'entrée ?
우 에 렁트레

몇 시에 시작합니까?
À quelle heure commence-t-on ?
아 깰뢰르 꼬멍쓰 똥

몇 시에 끝납니까?
À quelle heure finit-t-on ?
아 껠뢰르 피니똥

팜플렛 있나요?
Avez-vous une brochure ?
아베 부 원 브로쉬르

휴식시간에 뭘 좀 먹자.
Mangeons quelque chose pendant la pause.
멍종 껠끄 쇼즈 뻥덩 라 뽀즈

Unité 7 우체국에서

À la poste

우체국 찾기 Recherche de la poste

실례지만 근처에 우체국이 있나요?
Excusez-moi, y a-t-il une poste près d'ici ?
엑쓰뀌제 무아 이 야띨 윈 뽀스뜨 프레 디씨

실례지만 우체국을 찾고 있는데요.
Pardon, Madame, je cherche la poste.
빠르동 마담 즈 셰르슈 라 뽀스뜨

편지 부치기 Envoi d'une lettre

이 편지를 한국에 항공편으로 보내려고 합니다.
Je voudrais expédier cette lettre en Corée par avion.
즈 부드레 엑쓰뻬디에 쎄뜨 레트르 엉 꼬레 빠라비옹

이 엽서를 한국으로 보내고 싶습니다.
Je voudrais expédier cette carte postale en Corée.
즈 부드레 엑쓰뻬이데 쎄뜨 꺄르트 뽀스딸 엉 꼬레

이 편지가 한국에 도착하는데 며칠 걸릴까요?
Dans combien de jours cette lettre arrivera-t-elle en Corée ?
덩 꽁비엥 드 주르 쎄뜨 레트르 아리브라뗄 엉 꼬레

우표는 얼마죠?
Quel est le prix du timbre ?
껠레 르 프리 뒤 뗑브르

다 합쳐서 얼마죠?
C'est combien en tout ?
쎄 꽁비엥 엉 뚜

이 편지를 등기로 보내고 싶습니다.
Je voudrais expédier cette lettre en recommandé.
즈 부드레 엑쓰뻬디에 쎄뜨 레트르 엉 르꼬멍데

편지를 우체통에 넣으십시오.
Glissez votre lettre dans une boîte aux lettres.
글리쎄 보트르 레트르 덩쥔 부아또 레트르

소포 부치기 Envoi d'un paquet

이 소포를 선편으로 부치려 합니다.
J'aimerais envoyer ce paquet en bateau.
제므레 엉부아예 쓰 빠께 엉 바또

소포용 상자가 있습니까?
Avez-vous une boîte d'emballage ?
아베 부 윈 부아뜨 덩발라즈

소포 포장 부탁드립니다.
Faites-moi un paquet à expédier, s'il vous plaît.
페뜨 무아 엥 빠께 아 엑쓰뻬디에 씰 부 쁠레

이 소포 12 개를 한국으로 보내고 싶습니다.
Je voudrais envoyer ces douze colis en Corée.
즈 부드레 엉부아예 쎄 두즈 꼴리 엉 꼬레

이 소포를 등기로 보내고 싶습니다.
Je voudrais envoyer ces colis en recommandé.
즈 부드레 엉부아예 쎄 꼴리 엉 르꼬멍데

이 소포를 속달로 보내고 싶습니다.
J'aimerais envoyer ce colis en express.
제므레 엉부아예 쓰 꼴리 어넥쓰프레쓰

소포에 '취급주의'라고 표시해주시기 바랍니다.
Marquez le mot "Fragile" sur ce colis, s'il vous plaît.
마르께 르 모 프라질 쒸르 쓰 꼴리 씰 부 쁠레

Unité 8

건강

Santé

 **병원 가기 전** Avant d'aller chez le médecin

병원에 데려다주세요.
Conduisez-moi à l'hôpital, s'il vous plaît.
꽁뒤이제 무아 알로삐딸 씰 부 쁠레

구급차 불러주시겠어요?
Pouvez-vous appeler l'ambulance ?
뿌베 부 아쁠레 렁뷜렁쓰

의사 불러주시겠어요?
Pouvez-vous appeler un médecin ?
뿌베 부 아쁠레 엥 메드쎙

진료예약을 하고 싶은데요.
Je voudrais prendre un rendez-vous avec le docteur, s'il vous plaît.
즈 부드레 프렁드르 엥 렁데부 아베끄 르 독뙤르 씰 부 쁠레

 **병원에서** Chez le médecin

무슨 일로 오셨습니까?
Qu'est-ce qu'il y a ?
께스 낄리야?

여기가 아픕니다.
J'ai mal ici.
제 말 이씨

머리가 아픕니다.
J'ai mal à la tête.
제 말 알라 떼뜨

오한이 납니다.
J'ai des frissons.
제 데 프리쏭

현기증이 납니다.
J'ai le vertige.
제 르 베르띠즈

배가 아픕니다.
J'ai mal au ventre.
제 말 오 벙트르

속이 안 좋습니다.
J'ai mal à l'estomac.
제 말 알레스또마

토할 것 같습니다.
J'ai la nausée.
제 라 노제

어제 저녁 먹은 걸 다 토했습니다.
J'ai vomi tout mon dîner hier soir.
제 보미 뚜 몽 디네 예르 쑤아르

설사를 합니다.
J'ai la diarrhée.
젤라 디아레

다리가 부러졌습니다.
J'ai la jambe cassée.
젤라 정브 까쎄

좀 어떠세요?
Comment vous sentez-vous ?
꼬멍 부 썽떼 부

호전되었는지요?
Vous allez mieux ?
부잘레 미유

여행을 계속해도 됩니까?
Puis-je continuer mon voyage ?
쀠이 즈 꽁띠뉘에 몽 부아야즈

몸조리 잘 하세요.
Soignez-vous bien.
쑤아녜 부 비엥

담배 피우지 마세요.
Ne fumez pas.
느 퓌메 빠

술 드시지 마세요.
Ne buvez pas d'alcool.
느 뷔베 빠 달꼴

산책을 더 많이 하세요.
Promenez-vous plus fréquemment.
프로므네 부 쁠뤼 프레까멍

식사량을 줄이고 운동을 하세요.
Mangez moins et faites de l'exerice.
멍제 무엥 에 페뜨 드 레그제르씨쓰

과로하지 마세요.
Ne travaillez pas trop.
느 트라바에 빠 트로

약국에서 À la pharmacie

이 처방대로 약을 주십시오.
Donnez-moi les médicaments de cette ordonnance, s'il vous plaît.
도네 무아 레 메디까멍 드 쎄또르도넝쓰 씰 부 쁠레

건강

감기약 주세요.
Je voudrais un médicament pour le rhume.
주 부드레 엥 메디까멍 뿌르 르 륌

두통약 있나요?
Avez-vous un médicament pour le mal de tête ?
아베 부 엥 메디까멍 뿌르 르 말 드 떼뜨

소화제 주세요.
Je voudrais un digestif.
즈 부드레 엥 디제스띠프

하루에 약을 몇 회나 복용해야 하나요?
Combien de fois dois-je prendre ce médicament par jour ?
꽁비엥 드 푸아 두아 즈 프렁드르 쓰 메디까멍 빠르 주르

이 약을 하루 세 번 식후에 드십시오.
Prenez ce médicament trois fois par jour après chaque repas.
프르네 쓰 메디까멍 트루아 푸아 빠르 주르 아프레 샤끄 르빠

Unité 9

비즈니스

⋏ Affaires

 **전화통화** Communication téléphonique

한국 국가 번호가 몇 번이죠?
Quel est l'indicatif téléphonique international de la Corée ?
껠레 렝디꺄띠프 뗄레포니끄 엥떼르나씨오날 들라 꼬레

82 입니다.
C'est 82.
쎄 꺄트르벵 되

프랑스 국가 번호가 몇 번이죠?
Quel est l'indicatif téléphonique international de la France ?
껠레 렝디꺄띠프 뗄레포니끄 엥떼르나씨오날 들라 프렁쓰

33 입니다.
C'est 33.
쎄 트렁트 트루아

내선 351 번 부탁합니다.
Je voudrais le poste 351, s'il vous plaît.
즈 부드레 르 뽀스트 트루아썽쎙 껑떼엥 씰 부 쁠레

뒤쀠이 씨를 바꿔주세요.
Je voudrais parler à M. Dupuis.
즈 부드레 빠를레 아 므씨유 뒤쀠이

통화중입니다.
La ligne est occupée.
라 리뉴 에또뀌뻬

잘 안 들립니다.
Je ne vous entends pas.
즈 느 부정떵 빠

죄송합니다만 잘못 거셨습니다.
Je suis désolé, mais vous vous êtes trompé de numéro.
즈 쒸이 데졸레 메 부부제뜨 트롱뻬 드 뉘메로

죄송합니다만 잘못 거셨습니다.
Je suis désolé, mais je pense que c'est une erreur.
즈 쒸이 데졸레 메 즈 뼁쓰 끄 쎄뛴 에뢰르

잠시만 기다려주십시오.
Patientez un instant, s'il vous plaît.
빠씨엉떼 에넹쓰떵 씰 부 쁠레

그분은 지금 자리에 안 계십니다.
Il n'est pas là en ce moment.
일 네 빨라 엉 쓰 모멍

언제 돌아오실지 아시는지요?
Savez-vous quand il sera de retour ?
싸베 부 껑띨 쓰라 드 르뚜르

5 분 후에 다시 전화해주시겠어요?
Pouvez-vous rappeler dans cinq minutes ?
뿌베 부 라쁠레 덩 쎙 미뉘뜨

그분께 어떻게 연락드릴 수 있죠?
Comment puis-je le contacter ?
꼬멍 뛰이즈 르 꽁딱떼

토마 르그랑이 전화했다고 전해주시겠어요?
Pourriez-vous lui dire qu'il y a eu un coup d'appel de la part de Thomas Legrand ?
뿌리에 부 뤼이 디르 낄리아 위 엥 꾸다뻴 들라 빠르 드 또마 르그렁

전화 부탁드린다고 전해주시겠습니까?
Pouvez-vous lui demander de me rappeler ?
뿌베 부 뤼이 드멍데 드 므 라쁠레

성함이 어떻게 되시죠?
Quel est votre nom ?
껠레 보트르 농

전화하신 분 누구신지 여쭤봐도 될지요?
Puis-je demander qui c'est ?
쀠이 즈 드멍데 끼 쎄

저는 토마 르그랑입니다.
C'est Thomas Legrand.
쎄 또마 르그렁

 방문 Visite

누구를 찾으세요?
Qui cherchez-vous ?
끼 셰르셰 부

뒤쀠이 씨와 만나기로 했습니다.
J'ai un rendez-vous avec M. Dupuis.
제 엥 렁데부 아베끄 므씨유 뒤쀠이

그분과 말씀을 나누고 싶습니다.
Je voudrais lui parler.
즈 부드레 뤼이 빠를레

그분은 오늘 비번입니다.
Il est en congé aujourd'hui.
일레 떵 꽁제 오주르뒤이

그분은 지금 회의 중이십니다.
Il est dans une réunion.
일레 덩쥔 레위니옹

손님 오셨습니다.
Quelqu'un est venu vous voir.
껠껭 에 브뉘 부 부아르

오래 기다리게 해드려서 죄송합니다.
Je suis désolé(e) de vous avoir fait attendre si longtemps.
즈 쒸이 데졸레 드 부자부아르 페 아떵드르 씨 롱떵

이쪽으로 오시죠.
Venez par ici, s'il vous plaît.
브네 빠리씨 씰 부 쁠레

 ## 소개 Présentation

저는 이 회사의 대표이사 미셸 르그랑입니다.
Je suis Michel Legrand, le PDG de cette entreprise.
즈 쒸이 미셸 르그렁 르 뻬데제 드 쎄떵트르프리즈

제 명함입니다.
C'est ma carte de visite.
쎄 마 꺄르뜨 드 비지뜨

우리 회사에 오신 것을 환영합니다.
Je vous souhaite la vienvenue à notre entreprise.
즈 부 쑤에뜨 라 비엥브뉘 아 노트르렁트르프리즈

우리 회사는 2002 년에 설립되었습니다.
Notre société a été fondée en 2002.
노트르 쏘씨에떼 아 에떼 퐁데 엉 되밀되

지점은 몇 개나 됩니까?
Combien de succursales avez-vous ?
꽁비엥 드 쒸뀌르쌀 아베 부

귀사의 주요 상품은 무엇입니까?
Quel est le produit principal de votre société ?
껠레 르 프로뒤이 프렝씨빨 드 보트르 쏘씨에떼

국제인증을 가지고 계신지요?
Avez-vous le certificat de l'organisation internationale de normalisation ?
아베 부 르 쎄르띠피꺄 드 로르가니자씨옹 엥떼르나씨오날 드 노르말리자씨옹 귀사의 마케팅전략에 대해 설명해주실 수 있으신지요?
Pouvez-vous expliquer votre stratégie de marketing ?
뿌베 부젝쓰쁠리께 보트르 스트라떼지 드 마르께띵

 주문 Commande

귀사의 신제품을 보여주실 수 있습니까?
Pouvez-vous me montrer votre nouveau produit ?
뿌베 부 므 몽트레 보트르 누보 프로뒤이

최신 제품의 샘플을 보여드리겠습니다.
Je vais vous montrer l'échantillon de notre nouveau produit.
즈 베 부 몽트레 레성띠옹 드 노트르 누보 프로뒤이

어떻게 작동하는지 보여드리겠습니다.
Je vais vous montrer comment ça marche.
즈 베 부 몽트레 꼬멍 싸 마르슈

가격이 어떻게 되죠?
Quel est son prix ?
껠레 쏭 프리

개당 10 달러입니다.
C'est dix dollars par pièce.
쎄 디 돌라르 빠르 삐에쓰

가격은 주문수량에 따라 달라집니다.
Le prix dépend de la quantité d'une commande.
르 프리 데뻥 들라 껑띠떼 뒨 꼬멍드

이것이 최저가격인가요?
Est-ce que c'est le meilleur prix ?
에스끄 쎄 르 메예르 프리

지불조건은 어떻습니까?
Quelle est la condition de paiement ?
껠레 라 꽁디씨옹 드 뻬멍

이 제품 재고 있나요?
Avez-vous le stock de ce produit ?
아베 부 르 스또끄 드 쓰 프로뒤이

귀사의 제품을 주문하고 싶습니다.
Je voudrais commander votre produit.
즈 부드레 꼬멍데 보트르 프로뒤이

얼마나 주문하실 겁니까?
Quelle est la quantité de votre commande ?
껠레 라 껑띠떼 드 보트르 꼬멍드

주문을 변경하고 싶습니다.
Je voudrais modifier la commande.
즈 부드레 모디피에 라 꼬멍드

계약서를 작성할 수 있을까요?
Est-ce qu'on peut dresser le contrat ?
에쓰 꽁 뾔 드레쎄 르 꽁트라

결제가 언제 될지 여쭤 봐도 될까요?
Puis-je vous demander quand le compte sera réglé ?
뿨이 즈 부 드멍데 껑 르 꽁뜨 쓰라 레글레

Thème III

세상속으로

Vers le monde

국제화시대에는 다양한
분야로 시야를 넓힐 필요가 있다
여기서는 분야별 용어
및 예문을

Unité I

경제

Économie

afflux (m) de capitaux étrangers 외국자본의 다량 유입
L'afflux de capitaux étrangers ont pluseieurs effets bénéfiques.
외국자본이 다량 유입되면 이점이 몇 가지 있다.

agent économique (m) 경제주체
L'action de l'état favorise les initiatives des autres agents économiques.
정부 활동을 통해 다른 경제주체의 이니셔티브도 혜택을 받는다.

appel (m) d'offres international 국제적 경쟁입찰
Cette cession a fait l'objet d'un appel d'offres international.
본 양도는 국제적 경쟁입찰의 대상이 되었다.

avec un rythme annuel de... 연평균 …의 증가추세와 더불어
Avec un rythme annuel de 3,6 %, la zone euro a même affiché au deuxième
trimestre un dynamisme supérieur à celui des Etats-Unis.
연평균 3.6%의 증가추세와 더불어 유로존은 2 사분기 때 미국보다 더 역동적이
었다.

balance courante (f) 경상수지
Le déficit de la balance courante du pays est un grand problème.
그 국가의 경상수지 적자는 큰 문제다.

cercle vertueux (m) 선순환
"Vision 2030" préconise l'instauration d'un cercle vertueux reposant sur
l'interaction entre la croissance économique et le bien-être social.
2030 비전은 경제성장과 사회복지의 균형이 핵심인 선순환 형성을 장려한다.

contre ...에 비해
La progression de son produit intérieur brut (PIB) s'est établie à 0,9 % d'avril à juin - contre 0,6 % au premier trimestre et 0,3 % au quatrième trimestre 2005.
GDP 는 2005 년 1 사분기 때 0.6%, 4 사분기 때 0.3%였던 것에 비해 4 월부터 6 월까지 0.9%를 유지했다.

dépenses publiques (fpl) 공공지출
Les dépenses pubilques ont connu une croissance explosive.
공공지출이 대폭 증가했다.

devise (f) plus forte 강세를 보이는 통화
Une devise plus forte stimule le pouvoir d'achat et les dépenses de consommation.
강세를 보이는 통화는 구매력과 소비지출을 촉진한다.

édicter 제정하다
Des règles et des normes internationales sont édictées puis mises en oeuvre.
국제 규정 및 기준은 제정된 후 효력을 발휘한다.

être en mesure de... ...할 역량이 있다
Les économistes ne croient pas que la zone euro soit en mesure de rééditer la performance du deuxième trimestre au cours du second semestre.
경제학자들은 유로존이 2 사분기 성과를 하반기에도 되풀이할 역량이 있다고 보지는 않는다.

fusions-acquisitions (fpl) 인수합병
L'environnement légal des sociétés étrangères devrait changer avec l'instauration de nouvelles règles sur les fusions-acquisitions.
인수합병에 대한 새로운 규정이 도입되면 외국 기업의 법적 환경이 바뀌게 될 것이다.

groupe (m) d'envergure internationale 세계적 규모의 기업
L'objectif des dirigeants de la firme était de rendre plus performante la gestion de l'ancien géant public et d'en faire un groupe d'envergure internationale.
그 기업의 목표는 과거 거대 공기업의 성과를 향상하고 이 기업이 세계적 규모의 기업이 되도록 하는 것이었다.

multinationales (f) 다국적 기업
Des multinationales pourraient dominer tous les secteurs de l'économie.
다국적 기업들이 경제 모든 부문을 장악할 수도 있을 것이다.

par rapport à la même période en… 동기대비
Depuis le début de l'année, les transactions ont progressé de 112% par
rapport à la même période en 2005.
올해 초부터 거래가 2005 년 동기대비 112% 증가했다.

prix des matières premières, les 원자재 가격
Les prix des matières premières explosent, tirés par une demande chinoise.
중국의 수요로 인하여 원자재가격이 폭등한다.

raccourci (m) vers l'internationalisation 세계화로 가는 지름길
La phase de consolidation à l'oeuvre actuellement permet une sorte de
raccourci vers l'internationalisation.
현재 진행되는 통합과정으로 인하여 세계화로 가는 지름길이 열리고 있다.

réévaluation (f) 평가절상
La Chine a annoncé la réévaluation du yuan.
중국은 위안화 평가절상을 발표했다.

règles (fpl) de concurrence 경쟁의 법칙
Il faut la modernisation des règles de concurrence européennes.
유럽 내 경쟁의 법칙을 현대화할 필요가 있다.

sous-évaluer 평가절하하다
La monnaie nationale est sous-évaluée.
그 국가 통화가 평가절하되었다.

targuer de, se 자랑하다
La Corée peut se targuer d'être un exemple unique et remarquable de
développement économique rapide.
한국은 빠른 경제성장의 유일하고 놀라운 사례를 제공한 것에 대해 자랑할 수
있다.

taux (m) de change 환율

Le taux de change euro contre dollar est passé de 1,37$ en 2007 à 1,47$ en 2008.

유로–달러 환율은 2007 년 1.37 달러에서 2008 년 1.47 달러로 상승했다.

taux d'intérêt 금리

La banque centrale a élevé son taux d'intérêt.

중앙은행이 금리를 올렸다.

TVA (taxe à la valeur ajoutée) (f) 부가가치세

Le relèvement de la TVA est prévu pour le 1er janvier 2007.

부가가치세는 2007 년 1 월 1 일 인상될 것으로 보인다.

zone euro (f) 유로존

L'accélération est quasiment uniforme au sein de la zone euro.

유로존 거의 전역에서 성장이 강세를 보인다.

Unité 2

경영

Affaires

accélérer le développement de... ...의 발전을 촉진하다
La croissance économique accélère le développement de ces magasins.
경제성장으로 이 상점의 발전이 촉진된다.

assemblée (f) extraodrinaire 임시총회
L'assemblée extraordinaire a été un événement décisif ayant radicalement
amélioré la structure finacière de notre société.
임시총회는 우리 회사의 재정구조를 대폭 향상시켰으므로 결정적인 행사였다.

attraction (f) d'investissements 투자유치
L'attraction d'investissements coréens en France reste un objectif de long
terme.
프랑스 내 한국 투자유치는 장기목표로 남아있다.

capacité (f) d'auto-financement 자금력
Ce qui les préoccupe le plus, c'est la capacité d'auto-financement de cette
société.
이들이 가장 신경쓰는 것은 이 회사의 자금력이다.

compétitivité (f) 경쟁력
Ce phénomène représente des enjeux non négligeables pour la compétitivité
des entreprises voire des pays.
이 현상이 기업 그리고 심지어는 국가 경쟁력에 대해 가지는 중요성은 무시할 수 없다.

concurrencer 경쟁하다
Il n'est pas facile de concurrencer cette société.
이 회사와 경쟁하기는 쉽지 않다.

construction navale (f) 조선
La construction navale a été inaugurée en juin dernier.
조선사업이 지난 6 월 시작되었다.

devenir le numéro un 초일류가 되다
La société s'est fixé pour objectif de devenir le numéro un en matièrede construction navale.
그 회사는 조선부문에서 초일류 기업이 되는 목표를 세웠다.

élargir son champ d'activité 활동영역을 넓히다
Nous avons déployé des efforts pour élargir notre champ d'activité.
우리는 활동영역을 넓히기 위한 노력을 했다.

envrironnement (m) d'investissements 투자환경
Le gouvernement veut créer un bon environnement d'investissements.
정부는 좋은 투자환경을 조성하고자 한다.

environnement (m) réglementaire 투자규제환경
La France dispose d'un environnement réglementaire très favorable à l'activité économique et à l'investissement étranger.
프랑스는 경제활동과 외국인 투자에 우호적인 투자규제환경을 제공한다.

être échaudé 혼이 나다
Les investisseurs ont été échaudés par l'éclatement de la bulle Internet.
투자자들은 인터넷 거품이 터지는 바람에 혼이 났다.

être implanté 진출해있다.
Cette société est implantée partout dans le monde.
이 회사는 세계 도처에 진출해있다.

fiscalité avantageuse (f) 조세혜택
La Corée offre une fiscalité avantageuse pour les entreprises étrangères.
한국은 외국기업에 조세혜택을 제공한다.

holding (mf) 지주회사
Les holdings sont pénalisées par les marchés.
지주회사들이 시장의 처벌을 받는다.

investissement (m) 투자
Les investissements coréens en France représentent actuellement un total de 550 millions d'euros, contre 3,3 milliards d'euros pour les investissements français en Corée.
프랑스 내 한국 투자는 현재 총 5 억 5 천만 유로에 달하는 반면 한국 내 프랑스 투자는 33 억 유로에 이른다.

limiter à..., se ... 이내로 하다.
L'émission de ces actions se limite à un quart des actions émises totales.
이 주식의 발행은 발행주식총수의 사분의 일 이내로 한다.

mettre un terme à... 해소하다
Nous avons mis un terme au risque fiancier lié à l'accumulation des dettes.
부채 관련 재무적 리스크를 해소했다.

mordant (m) 위세
Il faut tout d'abord que les candidats aient du mordant.
후보자들은 우선 위세가 있어야 한다.

nouvel élan (m) 새로운 도약
Nous disposons désormais d'une base solide en vue d'un nouvel élan.
이제 새로운 도약을 위한 기반이 갖추어졌다.

occuper le ...ème rang parmi... ...중 ...위를 차지하다
La France occupe aujourd'hui le quatrième rang parmi les investisseurs
étrangers, avec environ 160 entreprises présentes.
현재 프랑스는 약 160 개 기업 진출로 해외투자국 중 4 위를 차지한다.

ouvrir 개점하다
Nous avons ouvert 17 nouveaux magasins.
우리는 새로운 상점을 17 개 열었다.

part de marché 시장점유율
Au quatrième trimestre 2008, l'entreprise disposait en France d'une part de
marché de 4 %.
2008 년 4 사분기 이 회사의 프랑스 내 시장점유율은 4%였다.

protection (f) contre la double imposition 이중과세보호
La France offre aux investisseurs étrangers une protection remarquable
contre la double imposition.
프랑스에는 외국 투자자들에 대한 이중과세보호책이 매우 잘 되어있다.

règles (mpl) fiscales 조세 규정
Les règles fiscales en France sont traditionnellement conçues de manière à
favoriser les investissements des entreprises.
프랑스 조세규정은 전통적으로 기업투자를 유리하게 하기 위하여 고안되었다.

경 영

sa stratégie consiste à ... 전략은 …하는데 있다.
Sa stratégie consiste à contrecarrer cette société.
그의 전략은 이 회사에 맞서는 것이다.

savoir-faire commercial (m) 영업력
Nous devons renforcer notre savoir-faire commercial.
우리의 영업력을 강화해야 한다.

secteurs (mpl) à forte valeur ajoutée 고부가가치분야
La France se montre très attractive dans les secteurs à forte valeur ajoutée.
프랑스는 고부가가치분야에서 매력적인 시장이다.

trouver ses principaux débouchés extérieurs 주요 해외판로를 개척하다
C'est en Chine, au Japon et aux Etats-Unis que l'industrie sud-coréenne des jeux vidéos a trouvé ses principaux débouchés extérieurs.
한국 게임산업이 주요 해외판로를 개척한 곳은 중국, 일본, 미국이다.

Unité 3

무역

Commerce

accélérer le rythme 일의 진행을 가속화하다
Nous avons certainement parcouru beaucoup de chemin depuis notre première série de négociations mais il est clair qu'il faut accélérer le rythme cette semaine.
물론 1 차 협상 때 많은 성과를 거두었지만 이번 주 일의 진행을 가속화해야 하는 것은 분명하다.

accès (m) au marché 시장접근
Le cycle d'Uruguay, à l'instar de toutes les négociations commerciales multilatérales qui l'ont précédé, a amélioré l'accès au marché par le démantèlement des obstacles tarifaires et non tarifaires.
우루과이 라운드는 기존의 모든 다자간 무역협상과 마찬가지로 관세 및 비관세 장벽을 허물어 시장접근을 향상시켰다.

avoir un impact sur... 영향을 미치다
Les négociations sur l'accord de libre-échange ont un impact certain sur la politique intérieure du pays.
FTA 협상은 그 국가의 국내정치에 분명한 영향을 미쳤다.

boucler le dossier 협상을 마무리짓다
Des négociations n'avancent toujours pas, alors que les deux pays n'ont en principe que jusqu'à samedi soir pour boucler le dossier.
원칙적으로 볼 때 양국이 협상을 마무리 짓는 기한은 토요일 저녁까지밖에는 없지만 협상은 여전히 진척이 없다.

buter sur qch 난관에 부딪히다
Les discussions butent toujours sur l'agriculture.
논의는 항상 농업에서 난관에 부딪힌다.

conclure un accord de libre-échange FTA 를 체결하다

Il a souligné son but de conclure un accord de libre-échange avant la fin de l'année.

그는 올해 안에 FTA 를 체결하는 것이 목표라고 강조했다.

dans le cadre de... ...의 틀 안에서

Dans le cadre de ces négociations justement, les deux pays ont entamé aujourd'hui leurs discussions sur les médicaments et l'appareillage médical.

이 협상의 틀 안에서 양국은 오늘 의약품 및 의료기기 관련 협상을 시작했다.

date buttoir 마감시한

Il n'y a pas de date buttoir pour les négociations sur un accord de libre-échange entre les deux pays.

양국간의 FTA 협상에 있어서 마감시한은 없다.

déficit (m) 적자

Traditionnellement équilibrés, nos échanges commerciaux sont marqués depuis 2004 par un déficit important pour la France, estimé à environ 1 milliard d'euros.

원래 균형적이었던 우리 교역은 2004 년부터 프랑스 쪽에 10 억 유로 정도의 막대한 적자를 기록했습니다.

destination (f) des exportations 수출대상국

Les Etats-Unis représentent la deuxième destination des exportations sud-coréennes derrière la Chine.

한국에 있어서 미국은 중국 다음으로 제 2 의 수출대상국이다.

discussion (f) marathon 마라톤 협상

Nous allons engager des discussions marathon.

우리는 마라톤 협상에 착수할 것이다.

être favorable à... 우호적이다

La majorité des députés seraient favorables à un accord de libre-échange avec ce pays.

국회위원 대다수는 이 국가와의 FTA 에 우호적일 것이다.

être partisan de... 지지하다

Il a la réputation d'être un chaud partisan de l'accord de libre-échange.

그는 FTA 를 강력하게 지지하는 인물로 유명하다.

partenaire commercial (n) 무역대상국
La Corée du Sud est notre troisième partenaire commercial en Asie et la France est le quatrième investisseur étranger en Corée.
한국은 아시아에서 우리의 세 번째 무역대상국이고 프랑스는 한국 내 네 번째 해외투자국이다.

profit net (m) 순이익
Le profit net s'élèverait à 2,54 millions de dollars.
순이익은 2 백 5 십 4 만 달러에 이를 것이다.

projet (m) d'ouverture du marché 시장개방계획
Au cours des deux discussions précédentes, les deux pays ont déjà échangé leurs projets d'ouverture du marché notamment dans le domaine des produits agricoles et industriels.
지난 두 차례의 협상에서 양국은 이미 시장개방, 특히 농업 및 공업시장 개방에 대한 계획을 공유했다.

prolongation (f) de la durée des brevets 특허기간의 연장
Ils exigeaient également la prolongation de la durée des brevets sur les nouveaux médicaments développés par les entreprises multinationales.
그들은 다국적기업들이 개발한 신약에 대한 특허기간을 연장할 것도 요구했다.

propulsé par... ...로 추진되다
La mondialisation, propulsée par la libéralisation du commerce et de l'investissement ainsi que par les rapides progrès technologiques, a permis d'assurer la prospérité et de réduire la pauvreté de millions de personnes au cours des dernières décennies.
무역 및 투자 자유화, 급속한 기술발전으로 진행되는 세계화로 인하여 지난 수 십 년 동안 번영이 보장되었고 수백만 명의 빈곤이 완화되었다.

reprendre les négociations 협상을 재개하다
Les deux côtés reprennent le 3 septembre leurs négociations en vue d'un accord de libre-échange.
양측은 9 월 3 일 FTA 협상을 재개한다.

système généralisé de préférences (m) 일반관세특혜
Le système généralisé de préférences permet à un grand nombre de pays en développement d'exporter leurs produits vers les marchés industriels en franchise totale ou avec des taux très réduits.
일반관세특혜를 통해 상당수의 개발도상국들은 완전히 관세가 면제되거나
상당히 인하된 관세로 선진시장에 자국 제품을 수출할 수 있다.

trouver un compromis de dernière minute 막판에 쟁점에 합의하다
Les deux côtés ont trouvé un compromis de dernière minute.
양측은 막판에 쟁점에 합의했다.

volume (m) des échanges entre... et ... ...와 ... 간의 교역량
L'année dernière, le volume des échanges entre la Corée et l'Union européenne a atteint 52,7 milliards d'euros.
작년 한국와 EU 간의 교역량은 5 백 2 십 7 억 유로에 달했다.

Unité 4

환경
Environnement

assainissement (m) 배수
Ils bénéficient d'aucun service d'assainissenet.
이들은 배수 서비스를 전혀 받지 못하고 있다.

avis (m) de vigilance 경계주의보
Cet avis de vigilance est valable jusqu'à mercredi.
이 경계주의보는 수요일까지 유효하다.

biogaz (m) 바이오가스
la France se calsse au quatrième rang européen pour le biogaz qu'elle
valorise sous forme de chaleur.
프랑스는 열의 형태로 재활용되는 바이오가스에 있어서 유럽 내 4 위를 차지한다.

canicule (f) 폭염
Cette canicule un peu en avance sur le caldenrier devrait se terminer
mercredi avec une baisse très nette du mercure, jusqu'à dix degrés de moins
dans de nombreuses régions.
평면보다 조금 앞당겨 온 폭염은 수요일에 끝날 것으로 보이며 그때 현격히 기온
이 내려갈 것이고 다수의 지역에서 기온 하강폭은 10 도에 달할 것으로 보인다.

changement climatique (m) 기후변화
Le changement climatique est associé à l'augmentation des gaz à effet
de serre, la fonte des glaciers, la montée des eaux, les changements de
vent et l'utilisation de la nature par l'homme.
기후변화는 온실가스 증가, 빙하 해빙, 해수면 상승, 바람의 변화, 인간의
자연사용과 관련이 있다.

changement (m) de comportement 행동의 변화
Le développement durable appelle un changement de comportement de
chacun.
지속가능한 발전을 이루기 위해서는 개개인의 행동변화가 필요하다.

환경

confort de son véhicule, le 자동차가 주는 편안함
Nous pouvons redécouvrir notre quartier en marchant, en dehors du confort de notre véhicule.
자동차가 주는 편안함에서 벗어나면 걸으면서 동네를 재발견할 수 있다.

conséquences inattendues (fpl) 예상치 못한 영향
La canicule a eu des conséquences inattendues en région parisienne.
폭염은 파리 지역에 예상치 못한 영향을 미쳤다.

consommation (f) énergétique 에너지소비
Ce pays a subi la croissance de la consommation énergétique.
이 국가의 에너지소비가 증가했다.

coupure (f) d'électricité 정전
Au total, quelque 55 000 clients ont été conernés par des coupures d'électricité, après le passage de l'orage lundi soir.
월요일 저녁 폭풍우 후 총 55,000 가정에서 정전사태가 벌어졌다.

co-voiturage (m) 카풀제도
Le co-voiturage avec au moins un passager supplémentaire à bord réduit aussitôt de moitié l'émission de gaz à effet de serre.
적어도 한 명과 자동차를 공유하면 온실가스 배출을 즉시 절반으로 줄일 수 있다.

déchets ménagers (mpl) 생활폐기물
En France, chaque personne produit en moyenne 400 kg de déchets ménagers par an.
프랑스에서 1 인당 발생시키는 연간 생활폐기물은 평균 400kg 이다.

déchets recyclables (mpl) 재활용 가능한 폐기물
Il récupère des déchets recyclables.
그는 재활용 가능한 폐기물을 수거한다.

découvrir... mort ...을 죽은 채로 발견하다
Vingt cygnes ont été découverts morts sur la Seine.
센강에서 백조 20 마리가 죽은 채로 발견되었다.

dérèglement (m) 불순
L'activité humaine engendre ces dérèglements.
인간의 활동이 이러한 불순을 초래한다.

développement durable (m) 지속가능한 발전
Le développement durable, c'est la gestion rationnelle des ressources humaines, naturelles et économiques qui vise à satisfaire les besoins fondamentaux de l'humanité.
지속가능한 발전은 인적자원, 천연자원, 경제자원의 합리적인 관리를 의미하며 인류의 근본적인 니즈를 충족시키는 것을 목표로 한다.

dilapider 낭비하다
En seulement six générations, les habitants des seuls pays développés vont avoir dilapidé, en moins d'un siècle et demi, plus de la moitié des réserves totales d'énergie fossile.
선진국의 경우만 보더라도 여섯 세대 만에, 즉, 150 년도 채 안 되어 전체 화석에너지 비축량의 절반 이상을 낭비할 것이다.

eau potable (f) 식수
700 millions de personnes ont bénéficié d'un raccordement à l'eau potable.
7 억 명이 식수공급의 혜택을 보았다.

efficacité énergétique (f) 에너지효율성
L'amélioration de l'efficacité énergétique est cruciale.
에너지효율성 증대는 상당히 중요하다.

électricité éolienne (f) 풍력전기
L'électricité éolienne connait un fort développment en France.
풍력전기는 프랑스에서 큰 발전을 거두고 있다.

énergies (fpl) renouvelables 신재생에너지
Les énergies recouvelables sont en pleine croissances en France.
프랑스에서 신재생에너지 사용이 한창 증가일로에 있다.

éteindre, s' 멸종하다
Les espèces s'éteignent à un rythme alarmant.
여러 종이 너무나 빠른 속도로 멸종하고 있다.

être convaincu 확신하다
Nous sommes convaincus que l'exploitation des ressources se développera à l'avenir.
우리는 자원개발이 앞으로 발전할 것이라고 확신한다.

être privé de... ...가 없다
Quelque 2 500 abonnés étaient toujours privés d'électricité mardi midi.
화요일 정오 가입자 약 2,500 명이 여전히 전기를 공급받지 못했다.

événement annuel (m) 연례행사
La Journée internationale sans voitures est un événement annuel célébré par 100 millions de personnes dans le monde entier.
'차 없는 날'은 전세계 1 억 명이 지키는 연례행사이다.

fertilité (f) des sols 토양 비옥도
La désertification entame la fertilité des sols, qui dans certaines régions perdent jusqu'à 50% de leur productivité.
사막화로 토양 비옥도가 손상을 입어서 일부 지역에는 농업 생산성 손실 정도가 50%에 육박하기도 한다.

figurer parmi... ...중 하나이다
Le bruit figure parmi les préoccupations que nos concitoyens placent en tête de liste dans les enquêtes d'opinion.
소음문제는 설문조사 우려상황 일 순위 중 하나이다.

gaz (mpl) à effet de serre 온실가스
Les gaz à effet de serre sont issus des activités humaines.
온실가스는 인간의 활동으로 배출된다.

illustrer, s' 이름을 빛내다
La France s'illustre depuis longtemps par une grande compétence dans le domaine de l'énergie nucléaire avec une longue expérience en matière de fission.
프랑스는 핵분열 방면의 오랜 경험을 토대로 한 원자력에너지 분야의 뛰어난 역량으로 오랫동안 정평이 나 있다.

indice (m) de mesure 측정지수
La présence ou l'absence de papillons serait un bon indice de mesure de la biodiversité.
나비의 존재 여부는 좋은 생물다양성 측정지수일 것이다.

intense circulation (f) en ville 도시 내의 극심한 교통난
L'intense circulation en ville est l'un des défis d'aujourd'hui.
도시 내의 극심한 교통난은 오늘날의 난제 중 하나이다.

investir dans..., s' ...을 중시하다
En tant qu'industriels, élus, enseignants, chercheurs, responsables d'
associations ou journalistes, vous vous investissez dans la lutte
contre le bruit.
기업인, 정치인, 교육자, 연구자, 기관책임자, 언론인으로서 여러분은 소음문제를
중요한 사안으로 인식하고 계십니다.

lieu de travail (m) 직장
Si vous vivez à 10 kilomètres ou moins de votre lieu de travail, le vélo est
probablement la façon la plus rapide de vous y rendre.
주거지와 직장과의 거리가 10 킬로미터 이내라면 자전거가 제일 빠른 교통수단
일 것입니다.

matières premières (fpl) 원자재
Les prix des matières premières explosent, tirés par une demande chinoise.
중국의 수요로 인해 원자재 가격이 폭등한다.

niveau (m) de la mer 해수면
Le niveau de la mer s'eleve avec la fonte des banquises.
빙하가 녹으면 해수면이 상승한다.

nuisances sonores (fpl) 소음공해
Certains bruits provoqués par l'activité humaine peuvent être constitutifs de
nuisances sonores.
인간의 활동으로 야기되는 일부 소리도 소음공해가 될 수 있다.

opter pour la marche 도보를 선택하다
Si vous habitez près de votre lieu de destination, optez pour la marche.
목적지와 주거지가 멀지 않다면 도보를 선택하십시오.

pénurie d'énergie (f) 에너지부족
Nous devons lutter contre la pénurie d'énergie.
우리는 에너지부족 문제를 해결해야 한다.

환경

pétrole (m) 석유
Le pétrole couvre 41% des besoins énergétiques.
석유는 에너지 수요의 41%를 충당한다.

pile (f) à combustible 연료전지
La pile à combustible offre des qualités appéciables : un rendement énergétique élevé, peu de bruit, peu d'émissions de gaz polluants et de particules.
연료전지는 상당한 장점을 보유한다. 에너지효율성도 높고, 소음도 거의 없고 환경을 오염시키는 가스 및 미립자 방출도 거의 없다.

prix (mpl) du pétrole 유가
Les prix du pétrole ont encore progressé jeudi, le Brent établissant un nouveau record historique au-dessus de 70 dollars le baril à Londres.
목요일 유가는 다시 올라 브렌트유는 런던에서 배럴당 70 달러를 넘어서며 사상최고치를 경신했다.

problématiques (f) intimement liées 밀접하게 연관된 문제
Urbanisme et bruit sont des problématiques intimement liées.
도시계획과 소음은 밀접하게 연관된 문제이다.

projet (m) de barrages 댐건설 계획
Plusieurs projets de barrages suscitent l'inquiétude.
여러 댐건설 계획이 우려를 초래하고 있다.

protocole de Kyoto, le 교토의정서
Le protocole de Kyoto est un traité international proposant un calendrier de réduction des émissions de gaz à effet de serre.
교토의정서는 온실가스 감축일정을 제시하는 국제조약이다.

réchauffement (m) de la planète 지구온난화
Il faut limiter le réchauffement de la planète.
지구온난화를 제한해야 한다.

reconstitution (f) des réserves 비축량의 복원
La consommation est bien supérieure au rythme de reconstitution des réserves.
소비는 비축량의 복원 속도를 훨씬 넘어선다.

rendement énergétique (m) 에너지효율성
Le rendement énergétique de ces appareils reste faible.
이 기기들의 에너지효율성은 여전히 낮다.

respecter l'environnement 환경을 존중하다
Les modes de production et de consommation doivent respecter l'environnement humain ou naturel.
생산 및 소비는 인간 또는 자연환경을 존중하는 방식으로 이루어져야 한다.

ressources naturelles (fpl) 천연자원
Nous ne devons pas épuiser les ressources naturelles.
천연자원을 고갈시켜서는 안 된다.

sécheresse (f) 가뭄
L'épisode de sécheresse que nous connaissons, le troisième en quatre ans, montre bien que la gestion de l'eau demeure un enjeu majeur dans le pays.
지난 4 년 간 세 번째 일어난 가뭄은 수자원 관리가 이 국가에서 여전히 중요한 사안이라는 것을 방증한다.

sécurité (f) d'approvisionnement éngergétique 에너지수급안정
Cette politique privilégie la sécurité d'approvisionnement énergétique.
이 정책은 에너지수급안정에 중점을 둔다.

sur-emballage (m) 과대포장
Il vaut mieux éviter les produits avec des sur-emballages inutiles.
불필요한 과대포장이 있는 제품은 피하는 것이 좋다.

surexploitation (f) des ressources en eau 수자원의 과도한 개발
L'agriculture est menacée par une surexploitation des ressources en eau.
수자원의 과도한 개발로 농업이 위협을 받는다.

température moyenne (f) 평균기온
Dans le cas de la Corée du Sud, la température moyenne a augmenté de 0,6 degrés pendant la dernière décennie.
한국의 경우 지난 10 년간 평균기온이 0.6 도 상승했다.

transport (m) en commun 대중교통

Relaxez en observant le monde autour de vous en choisissant le transport en commun.

대중교통을 선택하여 느긋하게 여러분 주위의 세상을 둘러보십시오.

vague (f) de chaleur 폭염

La vague de chaleur a eu une première conséquence sur l'exploitation des centrales nucléaires.

폭염은 원자력발전소 가동에 첫 영향을 미쳤다.

viser à... ...을 목표로 하다

Nous visons à réduire la dépendance de la voiture dans les villes.

도시 내 자동차 의존도를 줄이는 것이 우리의 목표이다.

환경

Unité 5

정보통신
TIC

application (f) 애플리케이션
Téléchargez cette application gratuite.
이 무료 앱을 다운받으십시오.

en temps réel 실시간으로
Consultez la météo en temps réel de votre ville.
현재 거주하는 도시의 일기예보를 실시간으로 접하세요.

fibre optique (f) 광섬유
De nos jours, la fibre optique est utilisée pour transmettre toutes les données numériques.
오늘날 광섬유는 모든 디지털 데이터를 전송하는데 사용된다.

fracture numérique (f) 정보격차
La fracture numérique est la disparité d'accès aux technologies informatiques, notamment Internet.
정보격차란 IT, 특히 인터넷 접근에 대한 격차를 말한다.

haute résolution (f) 고해상도
L'imagerie satellitaire haute résolution est une solution pour observer l'évolution des glaciers.
고해상도 위성사진은 빙하 변화를 관찰하는 해결책이다.

Internet (m) à très haut débit 초고속 인터넷
Un accès à Internet à très haut débit (ou THD) est un accès à internet avec un débit supérieur à celui d'un accès haut débit, par exemple par ADSL.
초고속 인터넷 접속이란 ADSL 등 고속 인터넷보다 속도가 빠른 인터넷 접속을 의미한다.

livre électronique (m) 전자책(e-book)
Le livre électronique possède de nombreux atouts.
전자책은 장점이 많다.

moteur de recherche (m) 검색엔진
Tapez un mot-clé dans un moteur de recherche.
검색엔진에서 키워드를 검색하시오.

nétiquette (f) 네티켓
La netiquette est l'ensemble d'un code de conduite que vous devez observer lorsque vous communiquez avec d'autres personnes sur Internet.
네티켓은 인터넷에서 다른 사람들과 커뮤니케이션 할 때 지켜야 하는 예절을 총체적으로 이르는 말이다.

page (f) d'accueil 홈페이지
Accédez à notre page d'accueil.
우리 홈페이지에 접속하십시오.

réseau (m) social sur Internet 온라인인맥구축사이트
Un réseau social sur Internet permet à toute personne possédant un compte de publier des informations, dont elle peut contrôler la visibilité par les autres personnes.
온라인인맥구축사이트를 통해 누구나 계정이 있으면 글을 올릴 수 있고 자신의 글을 보는 사람을 제한할 수도 있다.

smartphone (m) 스마트폰
Choisissez votre smartphone en fonction de vos besoins.
본인의 니즈에 따라 스마트폰을 선택하십시오.

SMS (m) 문자메시지
Je vais vous envoyer un SMS.
문자메시지를 보내드리겠습니다.

sonnerie de téléphone (f) 벨소리
Téléchargez les sonneries de téléphone mobile.
휴대폰 벨소리를 다운로드하세요.

taux (m) d'équipement (en PC) PC 보급률
D'après une étude réalisée pour la Commission européenne, le taux
d'équipement des foyers européens en PC est supérieur à celui des
Américains.
유럽집행위원회 연구에 따르면 유럽 가정의 PC 보급률이 미국보다 더
높다고 한다.

technologie (f) de l'information 정보기술 (IT)
La Corée du Sud est l'un des leaders mondiaux en technologie de
l'information.
한국은 IT 강국 중 하나이다.

technologies (fpl) de l'information et de la communication (TIC) 정보통신기술 (ICT)
La première part des budgets dédiés à l'innovation dans le monde est
consacrée aux technologies de l'information et de la communication.
전세계 혁신 관련 예산 일 순위는 정보통신기술이다.

télévision haute définition (TVHD) 고화질 TV
La TVHD ou télévision en haute définition permettra de bénéficier d'une
meilleure précision d'affichage pour les films, les émissions télévisées
ou les jeux vidéo.
고화질 TV 를 통하여 영화. TV 프로그램. 비디오게임의 선명도가 향상될
것이다.

télévision numérique terrestre (f) 지상파 디지털 TV
L'installation de la télévision numérique terrestre (TNT) en France est un
succès véritable.
프랑스에서 지상파 디지털 TV 설치는 큰 성공을 거두었다.

tonalité de retour d'appel (f) 컬러링
Une tonalité de retour d'appel est un signal sonore entendu sur une ligne
téléphonique par une personne qui émet un appel.
컬러링이란 전화를 거는 사람이 전화상으로 듣는 소리이다.

version mobile d'un site, la 웹사이트의 모바일 버전
Cette entreprise améliore la version mobile de son site.
이 회사는 자사 웹사이트의 모바일 버전을 개선하고 있다.

Unité 6

보건
Santé

---

apporter une aide précieuse à... 귀중한 도움을 주다
L'OMS a apporté une aide précieuse au peuple coréen après la guerre de Corée, qui avait laissé le pays entièrement détruit et dans un état d'extrême pauvreté.
한국전쟁으로 인하여 국가 전체가 폐허가 되고 한국인들은 극빈상황에 처했지만 WHO 는 전쟁 후 한국인들에게 귀중한 도움을 주었습니다.

avoir un impact 영향을 미치다
L'interdiction de fumer dans les restaurants a-t-il un impact économique ?
식당 내 흡연 금지가 경제적 영향이 있는가?

baisse (f) de l'estime de soi 자신감 상실
La baisse d'estime de soi peut avoir des conséquences sérieuses.
자신감 상실은 심각한 결과를 초래할 수 있다.

combattre 퇴치하다
Il faudrait dépenser chaque année 31,2 milliards de dollars pour combattre le VIH/sida, le paludisme et la tuberculose.
에이즈, 말라디아, 결핵 퇴치를 위해 매년 312 억 달러가 들어갈 것이다.

double menton (m) 이중턱
Je veux diminuer ce double menton.
나 이 이중턱 줄이고 싶어.

embonpoint (m) 초기 비만
Il a tendance à l'embonpoint.
그는 초기 비만을 보인다.

espérance (f) de vie 수명
L'espérance de vie globale a augmenté.
일반적으로 수명이 연장되었다.

faire des excès de... ...을 너무 많이 먹다
Il fait des excès des aliments trop épicés.
그는 양념이 지나치게 들어간 음식을 너무 많이 먹는다.

graisse animale (f) 동물성 기름
Je voudrais savoir si les frites sont cuites dans la graisse animale ou végétale.
프렌치프라이가 동물성 아니면 식물성 기름으로 튀겼는지 알고 싶다.

graisse végétale (f) 식물성 기름
Je préfère la graisse végétale.
나는 식물성 기름을 더 좋아한다.

graisse viscérale (f) 내장지방
Surveillez la graisse viscérale.
내장지방을 조심하십시오.

grignotage (m) 군것질
Tu dois freiner le grignotage continuel.
잦은 군것질을 삼가야 해.

habitudes alimentaires (fpl) 식습관
Il vaut mieux abandonner une mauvaise habitude alimentaire.
잘못된 식습관은 버리는 것이 좋을 것입니다.

incarner l'espoir de l'humanité 인류의 희망을 구현하다
Depuis sa création en 1948, l'Organisation mondiale de la Santé (OMS) incarne l'espoir de l'humanité.
1948 년 설립당시부터 계속 WHO 는 인류의 희망을 구현하고 있습니다.

jouer un rôle capital 중요한 역할을 수행하다
Même lorsque le monde était divisé sur le plan idéologique et politique, l'OMS a joué un rôle capital.
세계가 이념과 정치로 대립할 때도 WHO 는 중요한 역할을 수행했습니다.

liposuccion (f) 지방흡입술
Dois-tu vraiment subir une liposuccion ?
지방흡입술 꼭 받아야겠니?

maîtriser des maladies 질병을 통제하다
Nous sommes maintenant capables de maîtriser beaucoup plus de maladies.
이제 훨씬 더 많은 질병이 통제 가능합니다.

perte d'appétit (f) 식욕상실
La perte d'appétit est un problème courant qui peut survenir chez n'importe qui.
식욕상실은 누구에게나 일어날 수 있는 흔한 문제이다.

poids idéal (m) 정상체중
Calculez votre poids idéal.
자신의 정상체중을 측정해 보십시오.

prémices (fpl) 시작
La santé et la lutte contre la pauvreté sont les prémices du bonheur pour l'humanité.
보건 증진 및 빈곤 퇴치는 인류 행복의 시작입니다.

prévalence (f) 이환률 (일정 기간 중에 일정 지역 또는 일정 집단에 새롭게 발생한 질병 혹은 환자의 빈도)
Dans cette région, la prévalence globale du VIH n'a pas changé en 2005 par rapport à 2003.
2005 년 이 지역에서는 2003 년에 비해 에이즈 이환률이 변하지 않았다.

proposition (f) de loi visant à... ...할 목적의 법안
C'est une proposition de loi visant à interdire le tabagisme dans les lieux publics.
이것은 공공장소 흡연을 금지하기 위한 법안이다.

respecter les interdictions de fumer 금연규정을 준수하다
Les interditions de fumer ne sont pas toujours respectées en France.
프랑스에서는 금연규정이 항상 준수되지는 않는다.

sédentarité (f) 늘 앉아있기
L'obésite est une conséquence de la sédentarité.
늘 앉아있으면 비만이 온다.

soutenir 지지하다
Je soutiens l'interdiction de fumer dans les lieux publics.
나는 공공장소 흡연 금지를 지지한다.

subir les conséquences de... ...의 영향을 받다
Le pays a subi les conséquences dévastatrices de l'épidémie de VIH/SIDA.
이 국가는 에이즈라는 전염병의 무서운 영향을 받았다.

surpoids (m) 과체중
Un adulte français sur cinq est en surpoids.
프랑스 성인 다섯 명 중 한 명이 과체중이다.

tabagisme passif (m) 간접흡연
Beaucoup de Français n'ont pas conscience des dangers du tabagisme passif.
많은 프랑스인들은 간접흡연의 위험성을 인식하지 못한다.

Unité 7

사회

A Société

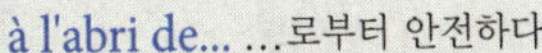

à l'abri de... ...로부터 안전하다
Tout le monde a le droit de mener une vie à l'abri de la faim et de la maladie.
모두에게는 기아와 질병에서 자유로울 권리가 있다.

au coeur de ses préoccupations 주요 관심사이다
Voici trois ans, j'ai placé l'aide aux personnes handicapées au coeur de nos préoccupations.
최근 3 년 동안 저는 장애인 복지를 주요 관심사로 여겼습니다.

au sens le plus général du terme 가장 일반적인 의미의
Mais au coeur de l'amélioration de la situation des personnes handicapées, il y a la question essentielle de l'accessibilité au sens le plus général du terme.
그러나 장애인 환경 개선의 핵심은 가장 일반적인 의미의 '접근'이라는 중요한 문제를 해결하는 것입니다.

clé (f) de voûte 핵심
L'accessibilité est la clé de voûte de l'intégration.
'접근'은 통합의 핵심입니다.

consacrer à..., se 헌신하다
Ensemble, consacrons-nous à cette cause.
함께 이 대의에 헌신합시다.

contribuer à... 기여하다
Nous devons contribuer à rendre l'humanité plus prospère.
우리는 인류의 번영 증진을 위해 기여해야 합니다.

de façon accélérée 급속도로
Le nombre de pauvres a augmenté de façon accélérée depuis les années 90.
빈곤층 수는 90 년대부터 급속도로 증가했다.

donner des résultats tangibles 눈에 보이는 결과를 얻다
Les efforts de prévention comme ceux pour lutter contre les discriminations et les préjugés ont commencé à donner des résultats tangibles.
차별과 편견에 맞서는 등의 예방책은 눈에 보이는 결과를 얻기 시작했다.

égalité (f) homme femme 남녀평등
Le principe de l'égalité homme femme est présenté comme fondamental.
남녀평등의 원칙은 기본적인 것으로 소개된다.

établir à..., s' ... 수준에 머물다
Le nombre total de chômeurs s'établit désormais à 2 millions de personnes.
이제 실업자 수는 2 백만 명에 머물고 있다.

être profitable à... ...에게 이익이 되다
Malheureusement, ce développement n'a pas toujours été également profitable à tous les pays ou à tous les groupes de population.
불행히도 모든 국가 또는 모든 인구집단이 이러한 발전의 혜택을 동일하게 받지 못했습니다.

évoluer 변화하다
Il fallait que les comportements évoluent et que les regards changent.
행동이 변화하고 시선이 변해야 했습니다.

faire face à... 대처하다
Ainsi, les personnes handicapées pourront mieux faire face à toutes les dépenses occasionnées par le handicap.
따라서 장애인들은 장애로 인하여 초래되는 모든 비용에 보다 잘 대처할 수 있을 것이다.

féliciter de..., se ...에 대해 만족해하다
Le ministre s'est félicité d'une baisse historique du chômage.
장관은 역사적인 실업률 감소에 대해 만족감을 표명했다.

fossé entre les riches et les pauvres, le 빈부격차
Le fossé entre les riches et les pauvres n'a fait que se creuser.
빈부격차는 깊어지기만 했다.

사
회

franchir des étapes décisives 중요한 발걸음을 내딛다

Nous avons aussi franchi des étapes décisives pour répondre à l'immense injustice de l'insuffisante scolarisation des jeunes enfants handicapés.

우리는 장애 어린이들의 불충분한 교육이라는 엄청난 불의에 맞서기 위해 중요한 발걸음을 내디디었습니다.

fruits des avancées, les 발전의 결실

Une grande partie de la population mondiale est encore privée des fruits de ces avancées.

세계인구 대다수는 아직도 이러한 발전의 결실의 혜택을 보지 못하고 있습니다.

gaz lacrymogènes (mpl) 최루탄

On dénombrait 150 blessés, dont une bonne partie intoxiquée par les gaz lacrymogènes et d'autres piétinés dans les bousculades.

총 150 명의 부상자가 발생했는데 일부는 최루탄을 맞았고 일부는 군중에 밟혔다.

insister sur 강조하다

La ministre a insisté sur la nécessité de donner aux immigrés les moyens de s'intégrer dans la société française.

장관은 이민자들이 프랑스 사회에 동화할 수 있는 수단을 부여할 필요성을 강조했다.

mettre au crédit de... ...의 덕택으로 돌리다

L'amélioration du chômage était à mettre essentiellement au crédit des mesures du "plan gouvernemental" de cohésion sociale.

실업률 감소는 특히 사회연대에 대한 '정부정책' 조치 덕택이었다.

mobilisation (f) sans faille 전적인 동원

Il fallait une mobilisation sans faille et surtout dans la durée.

전적인 동원, 특히 장기간의 동원이 필요했습니다.

passer sous la barre de... ... 수준 이하로 떨어지다

Le premier ministre a assuré que le nombre de chômeurs allait passer sous la barre des 9 %.

국무총리는 실업률이 9% 이하로 떨어질 것이라고 단언했다.

poche de pauvreté (f) 빈곤지역

Il est important d'éviter les erreurs commises dans certains pays de l'OCDE, où le poids des dépenses sociales et de la charge fiscale a fini par créer des désincitations au travail et des poches de pauvreté.

사회지출 및 세금부과로 인해 업무동기부여가 저하되고 빈곤지역이 형성된 일부 OECD 국가의 실수를 피하는 것이 중요하다.

policiers antiémeutes (mpl) 전경

Les policiers antiémeutes sont équipés de matraques et de boucliers.

전경은 곤봉과 방패를 든다.

population active (f) 경제활동인구

Le taux de chômage a atteint 9,1 % de la population active.

실업률은 경제활동인구의 9.1%에 도달했다.

rattraper son retard 뒤쳐진 부분을 따라잡다

Dans ces trois domaines, il fallait rattraper notre retard.

이 세 분야에서 뒤쳐진 부분을 따라잡아야 했습니다.

reculer de... ... 만큼 감소하다

Le chômage a reculé de 2,16 % au mois de mai.

실업자 수는 5 월에 2.16% 감소했다.

retour (m) de bâton 의외의 반응

La multiplication des grèves semble en train de s'attirer un vigoureux retour de bâton.

증가하는 파업은 의외의 강한 반응을 야기하고 있는 듯하다.

retrouver son niveau de... ...수준을 회복하다

Le chômage a retrouvé son niveau de septembre 2002.

실업률은 2002 년 9 월 수준을 회복했다.

vivre avec moins d'un dollar par jour 하루에 1 달러가 안 되는 돈으로 살아가다

Selon des statistiques récentes de la Banque mondiale, 1,2 milliard d'habitants du globe vivent avec moins d'un dollar par jour.

세계은행의 최근 통계에 따르면 전세계 12 억 명이 하루에 1 달러도 안 되는 돈으로 살아가고 있습니다.

Unité 8

교육
人 Éducation

à l'arraché 간신히
Marie a réussi son premier examen à l'arraché.
마리는 첫 시험을 간신히 통과했다.

apprentissage (m) 습득
L'octroi à un étranger d'un titre de long séjour en France pourrait, à l'avenir,
être lié à sa capacité d'apprentissage de la langue française.
앞으로 프랑스 내 장기체류증 발급은 불어습득능력에 달릴 수도 있을 것이다.

dossier (m) de préinscription 원서
Il a déposé un dossier de préinscription.
그는 원서를 제출했다.

doyen (m) 학장
Il est le doyen de la faculté de médecine.
그는 의과대학 학장이다.

échec (m) 실패
Je leur déconseille cette voie qui les mènerait à l'échec.
나는 이들이 실패에 이르게 할 이 길을 가지 않도록 충고한다.

envoler à..., s' 유학가다
Jean a abandoné l'idée de poursuivre ses études universitaires et s'est
envolé à l'école à l'étranger.
장은 대학 공부를 계속하려던 생각을 접고 유학을 떠났다.

faire ses études 공부하다
J'ai fait mes études en Corée.
나는 한국에서 공부했다.

frais (m) d'inscription 입학금
Le frais d'inscription de cette université n'est pas très élevé.
이 대학교의 입학금은 별로 높지 않다.

importance extrême que le pays accorde à l'éducation, l' 교육열
Les succès de la Corée dans la haute technologie reflètent l'importance
extrême qu'elle accorde à l'éducation.
한국이 첨단기술개발에 성공한 사실은 이 국가의 교육열을 반영한다.

maîtrise de..., la ...의 숙달
La maîtrise du français pourrait devenir une condition pour l'obtention d'un
titre de séjour en France.
불어숙달은 프랑스 체류증 취득 조건이 될 수 있을 것이다.

persister dans son intention initiale 원래 의도를 고집하다
Certains ont suivi ce conseil, d'autres ont persisté dans leur intention initiale.
일부는 이 조언을 따랐고 다른 이들은 자신의 원래 의도를 고집했다.

poursuivre ses études 계속 공부하다
Il a poursuivi ses études en France.
그는 프랑스에서 계속 공부했다.

Q.I. (quotient intellectuel) (m) 지능지수 (I.Q.)
Le QI augure-t-il de votre capacité à exercer telle ou telle profession, à vous
adapter dans n'importe quelle entreprise, à bien vivre en société, à réussir
votre vie ?
특정 직업에서 업무를 하고 어떤 회사에서든지 적응하는 능력, 사회생활을 잘
하는 능력 그리고 살면서 성공할 능력도 IQ 로 측정이 가능할까?

université (f) cotée 명문대
Il fait ses études à l'une des universités cotées en Corée.
그는 한국 명문대 중 하나에서 공부한다.

Unité 9

문화 Culture

acquisition (f) 수집, 획득
Une politique d'acquisition a été mise en oeuvre afin de permettre au musée d'obtenir des pièces exceptionnelles.
박물관이 이례적인 작품을 획득할 수 있게 하는 '획득 정책'이 시행되었다.

aire culturelle (f) 문화권
L'intérêt devrait être porté à d'autres aires culturelles.
다른 문화권에도 관심을 가져야 한다.

audiovisuel (m) 시청각분야
Les industries culturelles - notamment l'audiovisuel et le multimédia - sont sources d'emplois.
문화산업, 특히 시청각 및 멀티미디어 분야는 일자리 창출의 근원이다.

berceau (m) de la culture 문화의 산실
Athènes et un berceau de la culture.
아테네는 문화의 요람지이다.

cocasse 우스꽝스러운, 괴상한
Les noms des personnages de cette oeuvre sont vraiment cocasses.
이 작품 등장인물들의 이름은 정말 우스꽝스럽다.

conservation (f) des biens culturels 문화재 보존
Le recueil et la conservation des biens culturels nécessitent un investissement colossal aussi bien en matière financière et temporelle.
문화재 수집 및 보존을 위해서는 막대한 비용과 시간이 든다.

contenus culturels (mpl) 문화콘텐츠
Les livres électroniques et les chansons téléchargeables sont de nouvelles formes de contenus culturels.
e 북이나 다운로드 가능한 음원은 새로운 형태의 문화콘텐츠이다.

dater de... ...에 만들어지다
Cette peinture date de 2 600 avant Jésus-Christ.
이 미술작품은 기원전 2600 년에 제작되었다.

démocratisation culturelle (f) 문화의 대중화
La démocratisation culturelle est très importante.
문화의 대중화는 매우 중요하다.

élargissement des publics (m) 저변확대
Notre but est d'assurer la démocratisation culturelle et l'élargissement des publics.
우리의 목표는 문화의 대중화와 저변확대이다.

en permanence 상설
Plus de 3 500 oeuvres seront exposées en permanence sur les 3 000 musées.
박물관 3 천 개에 작품 3,500 점 이상이 상설 전시될 것이다.

enrichir sa vie 삶을 윤택하게 하다
La culture enrichit notre vie.
문화는 우리 삶을 윤택하게 한다.

entrer en vigueur 효력을 발휘하다
La Convention de l'UNESCO sur la diversité culturelle entre en vigueur demain.
유네스코 문화다양성협약이 내일부터 효력을 발휘한다.

feuilleton étranger (m) 해외 드라마
Il est remarquable qu'un feuilleton étranger ait battu tous les records de la popularité.
해외 드라마가 인기도 면에서 모든 기록을 세운 것은 경이적인 일이다.

harmonie (f) 조화
La coexistence et l'harmonie des cultures occidentale et orientale sont cruciales.
동서양 문화의 상생과 조화는 매우 중요하다.

héritages culturels (mpl) 문화유산
Le pays possède un bon nombre d'héritages culturels.
그 국가는 많은 문화유산을 보유하고 있다.

industries culturelles (fpl) 문화산업
L'importance des industries culturelles n'a cessé de croître.
문화산업의 중요성은 계속해서 증가했다.

langue commune des échanges internationaux, la 국제교류의 공통어
Aujourd'hui, la culture est en train de devenir la langue commune des échanges internationaux.
오늘날 문화는 국제교류의 공통어가 되어가고 있다.

liberté d'expression (f) 표현의 자유
Il faut garantir la liberté d'expression de toutes les cultures du monde.
모든 문화의 표현의 자유를 보장해야 한다.

peinture murale (f) 벽화
La peinture murale est la première histoire de la peinture.
벽화는 그림의 시초이다.

politiques (fpl) de soutien aux industries culturelles 문화산업지원책
Le gouvernement a adopté des politiques de soutien aux industries culturelles.
정부는 문화산업지원책을 채택했다.

préserver des patrimoines culturels 문화유산을 보존하다
Nous devons préserver des patrimoines culturels.
우리는 문화유산을 보존해야 한다.

produits culturels (mpl) 문화상품
L'accès facile aux oeuvres et aux produits culturels est très important.
작품 및 문화상품에 대한 접근 용이는 매우 중요하다.

rassembler en un lieu unique 한곳에 아우르다
Ce musée rassemble en un lieu unique ces diverses oeuvres.
이 박물관은 이 다양한 작품을 한곳에 아우른다.

sculpture (f) 조각
C'est une sculpture monumentale acheminée au X ème sicècle.
이것은 10 세기로 거슬러 올라가는 기념비적인 조각이다.

sentiment (m) d'appartenance 소속감
La promotion conjointe d'activités culturelles asiatiques favorisera
l'émergence d'un sentiment d'appartenance à une même région.
아시아 문화활동 공동 홍보를 통하여 지역에 대한 소속감을 가지게 될 것이다.

source (f) d'inspiration créative 창작의 근원
L'Antiquité constitue une source intarissable d'inspiration créative.
고대문명은 고갈되지 않는 창작의 근원이다.

spectacles (mpl) de cirque 서커스 공연
J'adore les spectacles de cirque.
나는 서커스 공연을 무척 좋아한다.

vague coréenne (f) 한류
Cette "vague coréenne", qui a commencé à déferler en Chine à une
grande échelle, continue à se répandre.
중국에서 대규모로 확산되기 시작한 한류는 계속 퍼져나가고 있다.

vedette (f) 스타
Pourriez—vous imaginer le nombre de contacts que les vedettes
entretiennent avec leurs fans dans toute l'Asie ?
스타들이 아시아 전역 팬들과 가지는 만남 수를 상상하실 수 있겠습니까?

Unité 10

외교

Diplomatie

avoir lieu 개최되다
Ce sommet a lieu dans une ville historique.
이 정상회담은 역사적인 도시에서 개최된다.

cela fait ...ans que ... 한지 …가 되었다
Cela fait dix ans que l'ASEM a été créé.
아셈이 설립된 지 10 년이 되었다.

c'est là l'occasion de... …할 기회이다
Pour les pays asiatiques, c'est là l'occasion de tirer la leçon de l'unification
de l'Europe et de la coopéraiton multilatérale de ce continent.
유럽의 통합 및 다자협력을 통해 아시아 국가들이 교훈을 얻을 기회이다.

coexistence (f) 공존, 상생
La coexistence pacifique est cruciale.
평화적 공존은 매우 중요하다.

compréhension mutuelle (f) 상호이해
Pendant cette période, l'organisation a joué un rôle important, en promouvant
la compréhension mutuelle et la coopération entre l'Europe et l'Asie.
이 기간 동안 이 단체는 상호이해 및 유럽-아시아 협력을 증진시키는 등 중요한
역할을 수행하였다.

connaître des progrès considérables 크게 발전하다
Les relations entre les deux nations viennent de connaître des progrès
considérables en très peu de temps.
양국 관계는 상당히 짧은 시간에 크게 발전했다.

coopération bilatérale (f) 양자협력
Le train à grande vitesse franco-coréen KTX, inauguré en avril 2004,
constitue une réalisation majeure de la coopération bilatérale.
한국과 프랑스가 공동으로 개발한 고속철도 KTX 는 2004 년 4 월에 개통되었으
며 양국협력의 중요한 사례이다.

dépasser les oppositions 반목을 극복하다
La déclaration d'Helsinki a aidé à dépasser les oppositions qui caractérisaient
la période de la guerre froide.
헬싱키선언을 통하여 냉전시대의 상징인 반목을 극복할 수 있었다.

droits (mpl) de propriété intellectuelle 지적재산권
Nous avons mené une discussion constructive sur les droits de propriété
intellectuelle.
우리는 지적재산권에 대한 건설적인 논의를 했다.

établir paix et sécurité 평화와 안보를 구축하다
L'expérience de l'Europe va beaucoup aider les pays asiatiques à établir
paix et sécurité.
유럽의 경험은 아시아 국가가 평화와 안보를 구축하는데 많은 도움이 될 것입니
다.

être à la hauteur de... ...한 수준에 이르다
Les relations économiques franco-coréennes ne sont pas encore à la hauteur
de la longue histoire ni du potentiel économique des deux pays.
한불 경제관계는 아직 양국의 긴 역사와 경제잠재력에 부응하지 못한다.

manifestation (f) d'envergure 대규모 행사
À cette occasion, des manifestations économiques et culturelles d'envergure
seront organisées tout au long de l'année dans les deux pays.
이를 계기로 양국에서 일 년 내내 대규모 경제 및 문화 행사가 개최될 것이다.

marché (m) pour ses exportations 수출시장
Actuellement, l'Union européenne représente le deuxième marché pour les
exportations du pays.
현재 EU 는 이 국가의 두 번째 수출시장이다.

외교

marquer... ...가 있는 때이다
Cette année marquera le 120ème anniversaire des relations diplomatiques entre la France et la Corée.
올해는 한불수교 120 주년이 되는 해이다.

marquer... d'une pierre blanche 기념비적인 날로 기억하다
J'espère que ce sommet marquera d'une pierre blanche cette nouvelle décennie de l'ASEM qui s'ouvre devant nous.
본 정상회의를 통해 우리 앞에 열리는 아셈의 새로운 10 년을 기념하기를 바랍니다.

marquer une nouvelle étape 새로운 전기를 마련하다
Cet événement a marqué une nouvelle étape.
이 사건은 새로운 전기를 마련했다.

objectif (m) commun 공동의 목표
Ce sommet rassemble la comunauté internationale autour d'un objectif commun.
본 정상회의를 통해 국제사회는 공동의 목표를 가지고 한데 모인다.

potentiel (m) de développement des échanges 교류발전의 가능성
Le potentiel de développement de nos échanges reste important.
우리의 교류 발전 가능성은 상당히 크다.

remporter un franc succès 진정한 성공을 거두다
Je suis convaincu que ce sommet va remporter un franc succès.
이 정상회의가 진정한 성공을 거두리라 확신합니다.

renforcer la coopération 협력을 강화하다
Alors, si les deux continents renforcent leur coopération, ils contribueront beaucoup non seulement à la croissance des deux continents, mais aussi à celle de l'économie mondiale.
따라서 양대륙이 협력을 강화하면 양대륙 성장 뿐 아니라 세계경제 성장에도 큰 기여를 할 것입니다.

renforcer la solidarité entre... .... 간의 연대를 강화하다
La Corée a déployé beaucoup d'efforts afin de renforcer la solidarité entre les deux continents.
한국은 양대륙 연대 강화를 위해 많은 노력을 했다.

signer des conventions fiscales 조세조약을 체결하다
La France a signé des conventions fiscales avec plus de cent pays.
프랑스는 100 개국 이상과 조세조약을 체결하였다.

sur le plan... ... 측면에서
Par ailleurs, l'Asie et l'Europe deviennent des partenaires de plus en plus
importants sur le plan économique.
또한 아시아와 유럽은 경제적인 면에서 더욱더 중요한 파트너가 되어가고
있다.

susciter la vive opposition 강한 반발을 일으키다
Ce projet d'accord a suscité la vive opposition d'une partie de la population.
국민 일부에서는 이 합의안에 대해 강력하게 반발했다.

tourner vers..., se 관심을 가지다
En quête de réflexions pour réformer et moderniser le pays, certaines élites
coréennes se tournent vers l'expérience française.
국가 개혁 및 현대화 방안을 모색하기 위해 일부 한국 지도층은 프랑스의 경험에
관심을 가진다.

Unité 11

adresser à..., s' …에게 말하다
Je suis particulièrement heureuse de pouvoir m'adresser à vous, dans ce haut lieu de science et de culture que représente l'UNESCO pour l'ensemble de la communauté scientifique et technologique mondiale.
특히 유네스코라는 과학과 문화의 전당에서 세계 과학기술 관계자 여러분께 말씀드리게 되어 특히 기쁘게 생각합니다.

affrotner un défi 난제에 맞서다
Nous devons affronter de nouveaux défis.
우리는 새로운 난제에 맞서야 합니다.

à l'occasion de... …을 맞아
Voilà, Mesdames et Messieurs, les quelques mots que je voulais vous dire ce matin, à l'occasion de cette inauguration.
제막식을 맞아 오늘 아침 여러분께 드리려고 했던 말씀은 이 정도입니다.

applaudir... …에게 큰 박수를 보내다
Je vous demande d'applaudir M. Dupuis.
뒤퓌이 씨께 큰 박수 부탁드립니다.

apporter une contribution essentielle à... …에 큰 기여를 하다
À travers vos réflexions, à travers vos débats et votre expertise, vous apportez une contribution essentielle à la vie démocratique de notre pays.
여러분은 성찰과 토론, 전문성을 통해 우리나라 민주주의 발전에 중요한 기여를 하고 계십니다.

au nom de... …을 대표하여
Permettez-moi tout d'abord, au nom de tous les entrepreneurs coréens, de vous souhaiter la bienvenue.
한국 기업인들을 대표하여 여러분을 진심으로 환영합니다.

au regret de... ...을 아쉽게 생각하다
Nous sommes au regret de vous annoncer que M. Dupuis ne pourra pas se joindre à nous.
뒤퓌이 씨가 참석하시지 못하는 것을 아쉽게 생각합니다.

avoir beaucoup de pain sur la planche 할 일이 많다
Nous allons nous mettre au travail, dès aujourd'hui, car nous avons beaucoup de pain sur la planche.
우리는 오늘 당장 일을 시작할 것입니다. 할 일이 많기 때문입니다.

avoir l'honneur de laisser la parole à... ...에게 말씀을 부탁드리는 것을 영광으로 생각하다
J'ai maintenant l'honneur de laisser la parole à M. Dupuis.
뒤퓌이 씨께 말씀을 부탁드리는 것을 영광으로 생각합니다.

avoir un rôle essentiel à jouer pour... ...하기 위해 중요한 역할을 해야 한다
Notre pays a un rôle essentiel à jouer pour mobiliser la communauté internationale.
우리나라는 국제사회의 행동을 이끌어 내기 위해 중요한 역할을 해야 합니다.

à vous, et à tous vos proches 여러분과 여러분 가족모두에게
À vous, et à tous vos proches, nous vous souhaitons nos meilleurs voeux pour cette année qui, nous espérons, apportera bonheur et santé.
여러분과 여러분 가족 모두 새해 복 많이 받으시고 새해에는 건강과 행복이 가득하기를 기원합니다.

bien volontiers 기꺼이
Si vous avez des questions à me poser, j'essayerai d'y répondre bien volontiers.
질문이 있으면 기꺼이 대답해드리겠습니다.

C'est dans cet esprit que... 이런 맥락에서
C'est dans cet esprit que je demande au gouvernement de stimuler la concurrence dans le dossier du sans-fil.
이런 맥락에서 정부가 무선통신부문 경쟁을 촉진시켰으면 하는 바입니다.

C'est un grand honneur pour moi de... ....하게 되어 큰 영광으로 생각하다

C'est un grand honneur pour moi d'avoir été invité à prononcer une allocution devant vous.

여러분 앞에서 연설할 수 있게 되어 큰 영광으로 생각합니다.

C'est un grand plasir pour moi de... ...하게 되어 무척 기쁘게 생각하다

C'est un grand plaisir pour moi d'être parmi vous aujourd'hui.

오늘 여러분과 이 자리에 참석하게 되어서 무척 기쁘게 생각합니다.

C'est une grande joie de... ...하게 되어 무척 기쁘게 생각하다

C'est une grande joie d'être parmi vous.

여러분과 함께 하게 되어 무척 기쁩니다.

chaleureuses paroles (fpl) 따뜻한 말

Je vous remercie de tout coeur des chaleureuses paroles avec lesquelles vous avez bien voulu m'accueillir.

따뜻한 환영사로 저를 맞아주셔서 진심으로 감사드립니다.

combat (m) de longue haleine 장기적 과제

Je sais pouvoir compter sur vous pour faire avancer, chacun dans vos domaines, ce combat difficile et de longue haleine.

여러분의 각자의 영역에서 이렇게 어렵고 장기적인 과제를 해결해나가실 것이라고 믿습니다.

compter sur... ...을 신뢰하다

Je souhaite vous dire que vous pouvez compter sur les efforts du gouvernement.

정부의 노력을 믿으셔도 된다는 점을 말씀드리고 싶습니다.

connaître un grand succès 대성공을 거두다

Jusqu'ici, tous les Forums ont connu un grand succès et j'espère qu'il en sera de même pour les prochains.

지금까지 모든 포럼이 대성공을 거두었고 앞으로도 그러기를 바랍니다.

consacrer son énergie 노력을 쏟다

Je tiens à remercier les scientifiques, du meilleur niveau, qui y consacrent leur énergie.

우수한 연구원 여러분의 노고에 감사드립니다.

correspondre à ses attentes 기대에 부합하다
J'espère que le résultat correspondra à nos attentes et aux vôtres.
결과가 우리 모두의 기대에 부합하기를 바랍니다.

creuser l'écart... 간극을 벌어지게 하다
Nous ne pouvons pas nous permettre de creuser encore l'écart qui nous
sépare des autres.
다른 국가들에 더 뒤쳐질 수는 없습니다.

du fond du coeur 진심으로
À vous toutes, à vous tous, je veux, du fond du coeur, exprimer mon estime,
mon respect et surtout ma reconnaissance.
여러분 모두에게 진심으로 존경과 감사를 표하는 바입니다.

en conclusion 마지막으로
Mes chers amis, je tiens, en conclusion, à renouveler mes chaleureuses
félicitations aux organisateurs de ce colloque.
마지막으로 오늘 회의의 주최측 여러분께 다시 한 번 감사드립니다.

être à votre disposition pour... ...할 준비가 되어있다
Nous sommes maintenant à votre disposition pour répondre à vos questions.
이제 질문해주시기 바랍니다.

être de retour 다시 오다
C'est pour moi une grande joie d'être de retour ici aujourd'hui.
여러분을 이 자리에서 다시 만나 뵙게 된 것을 큰 기쁨으로 생각합니다.

exprimer sa plus profonde gratitude à... ...에게 깊은 감사를 표하다
Je tien à exprimer ma plus profonde gratitude à votre Organisation.
여러분 단체에 깊은 감사를 표합니다.

heureux de constater que... ...을 보니 기쁘다
Je suis heureux de constater que M. Dupuis est parmi nous aujourd'hui.
뒤퓌이 씨가 함께 한 것을 보니 기쁩니다.

heureux d'être parmi... ...를 뵙게 되어 기쁘다
Je suis heureux d'être parmi vous aujourd'hui pour donner le coup d'envoi à
une initiative exemplaire.
모범적인 이니셔티브를 시작하기 위해 오늘 여러분을 뵙게 되어 기쁘게 생각합니다.

indispensables à... ...에 없어서는 안 되는

Je souhaiterais conclure en vous redisant toute mon admiration et mon attachement aux hommes et aux femmes qui sont les acteurs indispensables à l'avenir du secteur spatial européen.

유럽 우주 부문에서 중요한 역할을 하고 계시는 여러분들께 다시 한번 경의와 애정을 표하며 제 말씀을 마치려 합니다.

inonder... de chiffres 숫자를 많이 섞어서 말하다

Je ne veux pas vous inonder de chiffres.

복잡한 통계 이야기는 이쯤 하지요.

inscrire dans la durée, s' 시간이 걸리다

La tâche sera difficile et elle devra s'inscrire dans la durée.

그 일은 어렵고 시간이 걸릴 것입니다.

inviter... à prendre la parole 말씀을 요청하다

Je voudrais inviter M. Dupuis à prendre la parole.

뒤피이 씨께서 말씀하시겠습니다.

lever son verre 잔을 들다

Permettez-moi de lever maintenant mon verre.

건배를 제의하고자 합니다.

lever son verre à... ...을 위해 건배를 제의하다

Je lève mon verre à l'amitié entre nos deux peuples.

우리 두 나라의 우정을 위해 건배를 제의합니다.

lieu approprié (m) 적합한 장소

C'est un lieu parfaitement approprié pour célébrer cette remise de prix.

여기는 이 시상식을 개최하기에 너무나 적합한 장소입니다.

oeuvrer sans relâche 노고를 아끼지 않다

Je voudrais remercier toutes celles et tous ceux qui ont oeuvré sans relâche pour l'organisation de cette réunion.

이 회의를 개최하기 위하여 노고를 아끼지 않은 여러분께 감사드립니다.

parler franchement 솔직히 말하다

Mesdames et messieurs, je voudrais vous parler très franchement.

내외귀빈 여러분, 저는 오늘 여러분께 매우 솔직히 말씀드리려 합니다.

prendre la parole 연설하다
C'est un grand honneur pour moi de prendre la parole devant vous aujourd'hui.
여러분 앞에서 말씀드리게 되어 무한한 영광으로 생각합니다.

reconnaissance (f) 감사
Je vous remercie et je vous assure de mon estime très sincère, de ma reconnaissance et de mon amitié.
여러분께 감사드리며 여러분에 대한 진심어린 존경, 사의, 우정을 표합니다.

relever un défi 난제를 극복하다
Nous devons relever ce défi.
우리는 이 난제를 극복해야 합니다.

remecier... de me recevoir 환대에 감사하다
Je vous remercie de me recevoir malgré votre emploi du temps très chargé.
바쁜 시간을 내어 환대해주셔서 감사합니다.

remercier... de nous avoir honorés de votre présence 자리를 빛내준 것에 대해 감사하다
Je vous remercie de nous avoir honorés de votre présence aujourd'hui.
오늘 자리를 빛내주셔서 감사합니다.

remercier... de son attention 경청에 감사하다
Je vous remercie de votre attention.
경청해주셔서 감사합니다.

répondre nombreux à son invitation 초대에 많이 응하다
Je vous remercie d'avoir répondu nombreux à mon invitation.
이렇게 제 초대에 많이 응해주셔서 감사합니다.

saisir l'occasion de... 기회를 포착하다
Je saisis l'occasion de cette rentrée scolaire pour vous parler.
개학을 맞이하여 여러분께 말씀드립니다.

séance (f) de questions-réponses Q&A 세션
J'arrête là mon exposé pour vous laisser du temps pour la séance de questions-réponses.
Q&A 세션이 있는 관계로 제 발표는 여기서 마치겠습니다.

souhaiter à... une bonne continuation sur son chemin ...에게 건승을 기원하다
Je vous souhaite une bonne continuation sur votre chemin.
여러분의 건승을 기원합니다.

souhaiter à... une bonne santé et beaucoup de bonheur ...에게 건강과 행복을 기원하다
Je vous souhaite une très bonne santé et beaucoup de bonheur.
여러분의 건강과 행복을 기원합니다.

souhaiter à... une très belle réussite ...의 성공을 기원하다
Je souhaite à ce salon, par les échanges qu'il s'apprête à susciter, une très belle réussite et la plus grande utilité possible, au service des personnes âgées et des personnes handicapées de notre pays.
이 전시회 동안 이루어질 의견교환을 통하여 이 행사가 큰 성공을 거두기를 바라고 우리나라 노인과 장애인들을 위해 큰 도움이 되기를 바랍니다.

souhaiter la bienvenue à... ...를 진심으로 환영하다
Permettez-moi tout d'abord de souhaiter chaleureusement la bienvenue à M. Dupuis.
먼저 뒤퓌이 씨를 진심으로 환영합니다.

souhaiter une bonne et heureuse année 새해 인사를 하다
Je vous souhaite du fond du coeur une bonne et heureuse année 2011.
2011 년 새해 복 많이 받으십시오.

soutien (m) 지원
Soyez assurés de mon soutien.
저는 지원을 아끼지 않을 것입니다.

transmettre à... l'expression de son amitié sincère ...에게 진심어린 우정을 전하다
Je vous prie de transmettre au peuple français l'expression de notre amitié sincère.
프랑스 국민들에게 우리의 진심어린 우정을 전해주시기 바랍니다.

부록

Unité 1

숫자
Nombres

 기수 Nombres cardinaux

0 zéro	41 quarante et un
1 un	50 cinquante
2 deux	51 cinquante et un
3 trois	60 soixante
4 quatre	61 soixante et un
5 cinq	70 soixante-dix
6 six	71 soixante et onze
7 sept	72 soixante douze
8 huit	73 soixante treize
9 neuf	80 quatre-vingts
10 dix	81 quatre-vingt-un
11 onze	82 quatre-vingt-deux
12 douze	83 quatre-vingt-trois
13 treize	90 quatre-vingt-dix
14 quatorze	91 quatre-vingt-onze
15 quinze	92 quatre-vingt-douze
16 seize	93 quatre-vingt-treize
17 dix-sept	99 quatre-vingt-dix-neuf
18 dix-huit	100 cent
19 dix-neuf	101 cent un
20 vingt	102 cent deux
21 vingt et un	103 cent trois
22 vingt-deux	200 deux cents
23 vingt-trois	220 deux cent vingt
30 trente	250 deux cent cinquante
31 trente et un	300 trois cents
32 trente-deux	500 cinq cents
33 trente-trois	1.000 mille
40 quarante	1.001 mille un

숫자

1.345 mille trois cent quarante-cinq
2.000 deux mille
3.000 trois mille
10.000 dix mille
100.000 cent mille
200.000 deux cent mille
1.000.000 un million

2.000.000 deux millions
10.000.000 dix millions
100.000.000 cent millions
200.000.000 deux cents millions
1.000.000.000 un milliard
1.000.000.000.000 mille milliards

 주

① 1 은 남성형 un 과 여성형 une 가 있음. 마찬가지로 21, 31, 41... 등에서도 남성, 여성의 구별이 있음.

② million(백만), milliard(10 억)는 명사이므로 복수형이 존재하고, 뒤에 명사가 오면 전치사 de 로 연결함 : deux millions de euros (2 백만 유로)

③ 천단위를 구별하기 위해 [.](point)을 사용하고 소수점은 [,](virgule)을 사용. 0,3 zéro virgule trois; 15,41 quinze virgule quarante et un

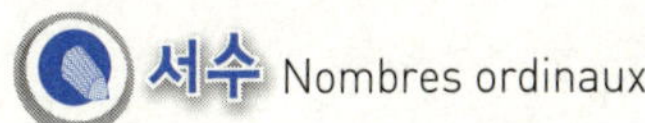

서수 Nombres ordinaux

1ᵉʳ premier(ère)
2ᵉ deuxième
3ᵉ troisième
4ᵉ quatrième
5ᵉ cinquième
6ᵉ sixième
7ᵉ septième
8ᵉ huitième
9ᵉ neuvième
10ᵉ dixième
11ᵉ onzième
12ᵉ douzième
13ᵉ treizième
14ᵉ quatorzième

15ᵉ quinzième
16ᵉ seizième
17ᵉ dix-septième
18ᵉ dix-huitième
19ᵉ dix-neuvième
20ᵉ vingtième
21ᵉ vingt et unième
30ᵉ trentième
31ᵉ trente et unième
100ᵉ centième
101ᵉ cent unième
111ᵉ cent onzième
1000ᵉ millième

① deuxième 대신 second 을 쓰기도 하며 이 경우 여성형으로 seconde 를 사용.
② 연대, 날짜, 군주, 제왕의 호칭 등에서 2 이상은 서수를 대신하여 기수를 사용. 단,
1 은 서수 사용.
mille neuf cent quarante–huit; dix–neuf cent
quarante–huit 1984 년
ex. Le premier mai 5 월 1 일
Louis ⅩⅣ(quatorze) 루이 14 세

분수 Fraction

1/2 un demi; la moitié; un sur deux

1/3 un tiers; un sur trois

1/4 un quart; un sur quatre

1/5 un cinquième; un sur cinq

5/12 cinq douzièmes; cinq sur douze

7/10 sept dixièmes

4 3/4 quatre trois quarts

14/324 quatorze sur trois cent vingt-
  quatre

Unité 2

시간
Temps

 **계절** Saisons

봄 printemps
여름 été
가을 automne
겨울 hiver

춘분 équinoxe de printemps
하지 solstice d'été
추분 équinoxe d'automne
동지 solstice d'hiver

 주

계절명 앞에 전치사를 써서 부사구를 이룰 때 printemps 앞에 놓이는 전치사는 다른 계절의 경우와 구별됨.
au printemps, en été, en automne, en hiver

 **요일** Jours de la semaine

월요일 lundi
화요일 mardi
수요일 mercredi
목요일 jeudi

금요일 vendredi
토요일 samedi
일요일 dimanche

 **달** Mois

1 월 janvier
2 월 février
3 월 mars
4 월 avril
5 월 mai
6 월 juin

7 월 juillet
8 월 août
9 월 septembre
10 월 octobre
11 월 novembre
12 월 décembre

Unité 3

의학

Médecine

 **진료과** Les branches de la médecine

dentisterie (f) 치과
dentiste (n) 치과의사
dermatologie (f) 피부과
dermatologue / dermatologiste (n) 피부과 의사
gynécologie (f) 부인과
gynécologue (n) 부인과 의사
neurologie (f) 신경과
neurologue / neurologiste (n) 신경과 의사
obstétrique (f) 산과
obstétricien(ne) (n) 산과의사
ophtalmologie (f) 안과
ophtalmologiste / ophtalmologue (n) 안과의사

orthopédie (f) 정형외과
orthopédiste (n) 정형외과 의사
oto-rhino-laryngologie (f) (O.R.L.) 이비인후과
oto-rhino-laryngologiste (n) 이비인후과 의사
pédiatrie (f) 소아과
pédiatre (n) 소아과 의사
psychiatrie (f) 정신과
psychiatre (n) 정신과 의사
urologie (f) 비뇨기과
urologue (n) 비뇨기과 의사

 **질병** Maladies

allergie alimentaire (f) 음식 알레르기
bourdonnement (m) 귀울림 / 이명
cancer (m) 암
céphalée (f) de tension 긴장성 두통
diabète (m) 당뇨병
diharhée (f) 설사
douleur abdominale (f) 복통
embarras gastrique (m) 소화불량 / 위장장애
excès (m) de stress 과도한 스트레스

flatulence (f) 복부팽만감
hépatite (f) 간염
hyperglycémie chronique (f) 만성 고혈당
indigestion (f) 소화불량
indigestion subite (f) 급체
infarctus (m) 경색
mal (m) des transports 멀미
maux (mpl) de tête 두통
paludisme (m) 말라리아

poliomyélite (f) 소아마비
raideur (f) 뻐근함
saturnisme (m) 납중독
sclérose artérielle (f) 동맥경화증
sensation désagréable (f) 불쾌감
sida (m) 에이즈
syndrome (m) d'apnée du sommeil
수면무호흡증

tétanos (m) 파상풍
tuberculose (f) 결핵
typhoïde (f) 장티푸스
urticaire (f) 두드러기
variole (f) 천연두
vomissement (m) 구토

의
학

Unité 4

 프랑스 공휴일 Les jours fériés en France

le Jour de l'an 신년 (1 월 1 일)
le lundi de Pâques 부활절 다음 월요일
la fête du Travail 노동절 (5 월 1 일)
la fête de la victoire 1945 제 2 차 세계
대전 승전 기념일 (5 월 8 일)
l'Ascension 승천제 (부활절로부터 40 일)
le lundi de la Pentecôte 성령강림제 다
음 월요일

la fête nationale française 혁명 기념일
(7 월 14 일)
l'Assomption 성모승천제 (8 월 15 일)
la Toussaint 만성절 (11 월 1 일)
La fête de l'armistice (1 차 세계대전)
휴전 기념일 (11 월 11 일)
Noël 성탄절 (12 월 25 일)

 한국 공휴일 Les jours fériés en Corée

신정 le Jour de l'an (1 월 1 일)
설날 le nouvel an lunaire
(음력 1 월 1 일)
삼일절 le Jour de l'Indépendance
(3 월 1 일)
어린이날 la Journée des enfants
(5 월 5 일)
석가탄신일 La naissance de Bouddha
(음력 4 월 8 일)
현충일 la commémoration des morts
pour la patrie (6 월 6 일)
광복절 la fête de la libération
(8 월 15 일)
추석 la fête de la récolte
(음력 8 월 15 일)
개천절 la fête de la fondation

(10 월 3 일)
성탄절 Noël (12 월 25 일)

Unité 5

올림픽

 **하계 올림픽** Les Jeux olympiques d'été

athlétisme (m) 육상
badminton (m) 배드민턴
baseball (m) 야구
basket-ball (m) 농구
boxe (f) 복싱
canoë (m) 카누
cyclisme (m) 사이클
escrime (f) 펜싱
football (m) 축구
gymnastique (f) 체조
haltérophilie (f) 역도
handball (m) 핸드볼
hockey (m) sur gazon 필드하키
judo (m) 유도

kayak (m) 카약
lutte (f) 레슬링
natation (f) 수영
softball (m) 소프트볼
sports (m. pl) équestres 승마
taekwondo (m) 태권도
tennis (m) 테니스
tennis (m) de table 탁구
tir (m) 사격
tir (m) à l'arc 양궁
triathlon (m) 트라이애슬론
voile (f) 세일링
volley-ball (m) 배구
volley-ball (m) de plage 비치발리볼

동계 올림픽 Les Jeux olympiques d'hiver

bobsleigh (m) 봅슬레이
combiné (m) nordique 노르딕
curling (m) 컬링
hockey (m) 하키
luge (f) 루지
patinage (m) artistique 피겨 스케이팅
patinage (m) de vitesse 스피드스케이팅
patinage (m) de vitesse sur piste
courte 쇼트트랙 스피드스케이팅

saut (m) 스키점프
skeleton (m) 스켈리톤
ski (m) 스키
ski (m) acrobatique 프리스타일 스키
ski (m) de fond 크로스컨트리 스키
snowboard (m) 스노우보드

Unité 6

Pauvrete n'est pas vice.
가난은 죄악이 아니다.

Les plus courtes erreurs sont toujours les meilleurs.
가장 적은 실수가 늘 최선이다.

Un esprit sain dans un corps sain
건전한 정신은 건강한 육체에 깃든다.

Enfermer le loup dans la bergerie
고양이에게 생선을 맡긴 격

Après la pluie, le beau temps
고진감래

Le corbeau critique la noirceur.
까마귀가 검은 것을 나무란다.

Tout est bien qui finit bien.
끝이 좋으면 다 좋다.

Dans le champ d'autrui, la moisson est toujours plus belle.
남의 떡이 더 커 보인다.

Ce qui abonde ne nuit pas.
다다익선

Qui s'excuse s'accuse.
도둑이 제발 저리다

Vendre la peau de l'ours avant de l'avoir tué
떡 줄 사람은 생각도 않는데 김치국부터 마신다.

La parole est d'argent, la silence est d'or.
말은 은이요, 침묵은 금이다.

Il y a un temps pour se taire et un temps pour parler.
말을 하지 말아야 할 때가 있고, 할 때가 있다.

Le bon sel pique.
몸에 좋은 약은 입에 쓰다.

Pas de nouvelles, bonnes nouvelles.
무소식이 희소식

On n'est jamais trahi que par les siens.
믿는 도끼에 발등 찍힌다.

Qui vole un oeuf, vole un boeuf.
바늘도둑이 소도둑 된다.

Tel père, tel fils.
부전자전

Bâtir des châteaux en Espagne
사상누각

Le bien l'emporte toujours.
사필귀정

Un malheur ne vient jamais seul.
설상가상

Il n'y a que le premier pas qui coûte.
시작이 반이다.

L'échec est mère de réussite.
실패는 성공의 어머니

Pour juger, il faut avoir les deux oreilles semblables.
심판을 하려면, 양쪽 이야기를 공평하게 들어야 한다.

C'est l'air qui fait la chanson.
아 다르고 어 다르다.

Il n'y a pas de fumée sans feu.
아니 땐 굴뚝에 연기 나랴.

La loi de la jungle
약육강식

Qui se ressemble s'assemble.
유유상종

Faire d'une pierre deux coups
일석이조

Nul pain sans peine
일하지 않는 자는 먹지도 마라.

Qui dit ce qui lui plaît entend ce qui ne lui plaît pas.
자기 좋은 말을 하면 나쁜 말을 듣는다.

Chat échaudé craint l'eau froide.
자라보고 놀란 가슴 솥뚜껑보고 놀란다.

Comme on fait son lit, on se couche.
자업자득

À quelque chose malheur est bon.
전화위복

Rien n'est trop difficile pour la jeunesse.
젊어서 고생은 사서도 한다.

Pourqoui voyez-vous une paille dans l'oeil de votre frère, tandis que vous ne voyez pas une poutre qui est dans le vôtre ?
어찌하여 형제의 눈 속에 있는 티는 보고 네 눈 속에 있는 들보는 깨닫지 못하느냐

Qui a bu boira.
제 버릇 개 못 준다.

Blanc bonnet, bonnet blanc
조삼모사

La verité et les roses ont des épines.
진실과 장미는 가시가 있다.

Le pire des defauts est de les ignorer.
최악의 결점은 결점을 모르는 것이다.

Les petits ruisseaux font les grandes rivières.
티끌 모아 태산

Quand on parle du loup, on en voit la queue.
호랑이도 제 말하면 나타난다.

L'eau courante ne se corrompt jamais.
흐르는 물은 썩지 않는다.

속
담